ここが変だよ、保育園

近藤敏矢
KONDO TOSHIYA

幻冬舎MC

ここが変だよ、保育園

はじめに

「保育園を閉園しようかと思っているんだ……」

父から相談を持ちかけられたのは、私が情報通信の研究に取り組んでいるときのことでした。大学院で情報工学を専攻していた私はＮＴＴに研究職として入社し、当時は情報工学のビジネス応用に向けた研究と論文発表に明け暮れていましたが、変化を続ける情報通信の市場の未来に漠然とした不安を感じていました。

実家の父から話があったのはそんなときでした。高齢になった父は保育園運営の将来を考えなければならない時期を迎えていたのです。父は私に継いでほしいとは言いませんでしたが、長年地域に根付いて貢献してきた事業を存続したいという気持ちはひしひしと伝わりました。実家で経営している保育園は、私が小さい頃からずっと見てきた保育園です。自分の代わりがいくらでもいる大企業で働き続けるのではなく、自分以外に継ぐ者がいない保育事業を引き継いで地域に貢献することが、私の果たすべき使命ではないだろうかと考え、父の後を継ぐことにしました。

いざ保育業界に入ってみると、一般企業とはあまりにも違う世界であることを思い知りました。そこでは旧態依然とした、独自の制度や習慣が常識としてまかり通っていたのです。例えば、時代が大きく変化しているにもかかわらず、何十年も同じ手順で業務を進めていたり、「子どもが大切」と言いつつ十分な保育からはほど遠い職員配置になっていたりしました。

　保育業界は福祉事業の一つとして法的に守られており、時代の変化への対応や競争を求められることが少ないため、こうしたことが起こっているのです。

　当初は、思い入れのある父の保育園をつぶさないようにというくらいに考えていた私でしたが、現場での実態を見て徐々に新たな感情が芽生えていきました。そして目の前の園児や、思い出のつまった園舎を見るたびに、私のなかの感情はある種の使命感へと変わっていったのです。

――保育園は変わらなければいけない。

　単に継ぐだけではなく、保育園をもっとよくするためにできることがある。門外漢の自分だからこそ見えるものがある。そう考えた私は意を決して自園の改革に乗り出しました。

それから４年間は試行錯誤の連続です。得意分野だったＩＴも駆使しながら、私は保育園業務を次々と見直していきました。その結果、今ではなんとか施設も６つにまで増やすことができました。

本書ではそんな私の悪戦苦闘の日々を紹介しながら、保育園業務の改善すべき点を私なりに挙げています。この本が今の保育園のあり方を見直すきっかけとなり、子どもたちの保育や子育て家庭への支援の質の向上につながれば、これに勝る喜びはありません。

目次

第1章

ビジネスの常識は一切通用しない

論理よりも、共感が大切な世界

第2章

保育園は親のためにある？

矛盾の多い保育園制度が園の主体性を奪う

第3章

害虫駆除から園の備品補充まで園長の仕事⁉

外部コンサルタントと一緒に業務改革に着手

第4章

圧倒的に不足する保育士さんたち

元ＮＴＴ職員のＩＴを駆使した働き方改革

第5章

制度に翻弄されずに、現場から積極改善

業務効率化と保育の質の向上のための6つの提言

序章

ＮＴＴ研究職員から
保育業界へ

変わらない職場、変わらない業界

私がＮＴＴの会社員を辞めて父から引き継いだ保育園は、戦後まもなく設立され、すでに70年以上の歴史があります。

あるとき、事務所の掃除をしていたら30年前の写真が出てきたことがありました。写真だけは色褪せていましたが、その場にいた職員も園舎もまったく変わっていませんでした。いつも変わらずにそこにある、という感覚は大切なことだと思います。特に保育園では親も子も同じ園に通ったということは地域の絆として人の記憶に残ります。

しかし、一般企業では話が異なります。以前に私がいた情報通信業界は、少し前の仕事が通用しないほど、変化が速い世界でした。一瞬でも早く、いかに競合より優れた製品やサービスを世の中に創出するか、むしろ変化しないものは価値がないと判断されるような世界です。

常に変化にさらされながら仕事をしてきた身からすると、保育業界にはまるで時代の流れとは無縁であるかのように引き継がれているものが多く、私にとっては驚愕でした。

もちろん、世の中には長年変わらないことに価値を見いだされるものもあります。伝統の味を守っている老舗料理店や、技能を連綿と受け継いでいる伝統芸能などには熱烈なファンがついていて、時を経ても私たちにさまざまな価値を提供し続けてくれています。しかし、そういった事業でも実際には時代の変化に合わせて変わり続けています。コロナ禍では多くの業種で販売や提供方法の変化を余儀なくされましたが、そのような急激なものでなくとも、例えば味覚は時代によって好みが微妙に変化しており、それに合わせた工夫が加えられていたりします。神社などではインターネットを活用して歴史の紹介をし、二次元コードで案内しています。伝統芸能の世界でも、コンピューターで制御された照明演出が用いられたり、ロボットが展示に使われたり、無形文化遺産のデジタルアーカイブ化なども進められています。

ＶＵＣＡ《ブーカ》の時代、すべての事項は、変わりやすく、不確かで、複雑かつあいまいです。

そのようなか、特に保育に関わる事務業務は、積極的に業務効率化を進め、組織内のリソースに余剰を生み出し、保育現場に投与することが求められるはずです。しかし実際には、例えばペーパーレスのこの時代に手書きによる連絡帳が存在したり、社内業務も紙か口頭でのやりとりだったり、当時は会計や経理にさえ、ＩＴツールの一つも導入されていなかったりすることが当たり前だったのです。パソコンを使っていない園もありました。

そうしたことは私がまったくの部外者で保育業界とは縁遠い、情報通信業界からの転職者であったからこそ、実感したことなのだと思います。

変わらない姿のために、変えるべきことがある

私は現在６つの保育施設等を経営する社会福祉法人の理事長を務めています。父の経営していた保育園に入職し、ペーパーレス化、経理システムの独自開発など業務のデジタル化に取り組む一方、２０１９年に理事長に就任して認定こども園に移行したあとは経営コンサルタントを活用して法人の経営改善に注力するなど積極的な改革を推し進めてきました。

生まれ育った自分の地元で保育園が約70年以上も続いてきたことは、地域の皆

さんにそれだけ長く受け入れられ支えられてきたということであり、本当にありがたいことです。

しかし、保育の中身までもが数十年前と同じ形であることは、果たして正しい姿なのかと疑問を抱かずにはいられません。保育の現場、保育を支える事務業務等は、時代に合わせてアップデートし、さらなる効率化を実現し、保育現場にかける質を向上させたほうがいいことに間違いはないはずです。

「子どもたちに多くのチャンスを提供する、その時代で最高の手段を用いて」というミッションを掲げる株式会社スマートエデュケーションの池谷代表も、自分の子どもを保育園に預けた際、自身の幼児時代と比べて保育の様子があまりにも変化していないことに愕然としたと、セミナーで話をされていました。

池谷代表は、保育園で働く人々の活動や理念には敬意を払いつつも、時代変化への乖離が大き過ぎることは今の時代を生きる子どもたちの成長環境として果たして適切であるかどうかという疑問を感じ、それがきっかけで新会社を立ち上げたとのことです。こういった類似のケースは枚挙にいとまがありません。

残念ながら保育業界には、外からの変化が入ってこなかったのだと思います。また、良い意味でも悪い意味でも行政主導の壁があることを実感します。ライバルとの競争によって成り立っている世界でもありません。そのような環境下で確かに「いつもどおり」をつくり変えていくのはリスクでもあります。

園の業務、園の行事等を振り返ってみたときに、「昨年度も同じことをしていたので」という理由で繰り返していたとしたら、本当にそれで良いのかを問い直す必要があります。

実際に、保育の実例を紹介するセミナーでは、従前のあり方をひっくり返しながら改革を進めている保育園が数多く現れています。表面上は同様の行事を繰り返しているところでも、その位置づけを繰り返し議論し、行事の内容、意味、定義づけをし直すなどの努力をしているのです。

最先端情報通信分野での業務改善の研究

私がそう強く感じたのは、前職の仕事内容が影響しているのだと思います。人は目の前のことに不便や不都合を感じたとき、工夫をして現状の変更を試みます。

私が以前に在籍していたＮＴＴ情報通信研究所では、世の中の未解決な課題について、日夜研究を進めるだけでなく、膨大な業務をいかに効率的に、かつ今まで以上の質で行うにはどうすればいいかということも工夫を重ねていました。30年後の日本や世界をどのような状態にしたいのか、それまでに何ができるのか、いつまでに何を行うのか、そういった順序で物事を考えます。

１９９４年の春、私は大学院を卒業しＮＴＴへ就職すると、東京都三鷹市にある武蔵野研究開発センタに研究職として配属されました。そこでは、当時、ＯＳＩ（Open System Interconnection：開放型システム間相互接続）参照モデルの最上位層として、顧客接客業務の管理フレームに関する研究を行っていました。ＢＰＲ（Business Process Re-engineering：ビジネス・プロセス・リエンジニアリング）という言葉が当時流行していましたが、ここでの研究は、顧客接客業務をリアルタイムに把握し、その業務状況に応じて動的に業務フローを制御するＢＰＲ実現に向けたフレーム構築の管理モデルが対象でした。

接客業務の効率化はいつの時代でも大きな課題の一つです。引っ越し等の事務手続きだけでなく、各種商品の販売も受けもつ総合受付窓口「１１６」での電話対応の業務管理が、当時のＮＴＴでは経営上の課題の一つとなっていました。ガラケーかスマホかではなく、それ以前、まだ携帯電話が一般的に普及しておらず、全国の固定電話契約回線数が６０００万台を超えていた時代の話です。今思うと、太古の昔に戻ったような気持ちになります。

私がいたチームは、階層的に分けられた通信機能の最上位に位置づけられる顧客接客業務について、汎用的な管理モデルを構築すること、そしてそれを実際に運営させて効果を確認することをミッションとしていました。全国から集められた研究者が上司たちの指導を受け、システムの一部を構築しながら効率化に向けた業務改善を何本もの論文にまとめ、学会で発表していました。

情報通信、いわゆるＩＴの最先端は当然アメリカでしたので、国際会議等にて英語での研究発表を行ったこともありました。

そんな職場で、上司の指導を受けながら私も同僚と同じく論文をまとめるために必死に管理モデルの考察を続けていたのです。

名古屋に帰省した際、これまでずっと人生とともにあった保育園を将来的に閉園、あるいは手放そうかと思っていると父から言われたのは、そんな折のことでした。

玄関を一歩出ればそこは保育園

大学院卒業までの私の人生は、本当に保育園とともにあったのです。何を大げさなと思われるかもしれませんが、私の生まれ育った家は、両親の経営する保育園の敷地内にありました。玄関を一歩出れば保育園の園庭が広がっていて、家で過ごしていれば園児たちが元気に遊ぶ声が聞こえてくるのが当たり前でした。自宅でくつろいでいると、送迎のために園の門を通り過ぎる保護者の姿が見えるという環境です。

私自身も幼い頃はその保育園に通っていました。玄関を開けたら徒歩０分の距離でしたから、朝は自宅の窓から園庭の様子をうかがい、みんなが登園し、そろっている頃を見計らって登園していたものです。

そんな環境で育った私が夢見たのは、保育園の経営者ではなく研究者でした。小学生の頃、世界の偉人の伝記を次々に読んでいくなかで、トーマス・Ａ・エジソンに憧れたのです。エジソンが電球を発明したことで人々の暮らしのあり方が大きく変わったように、世の中を劇的に豊かにできるような発明を自分もしてみたいという気持ちが芽生えました。

そんな夢を抱きつつも、成長するにしたがって実家である保育園のことも気にするようになりました。祖父から祖母へ、そして父へと受け継がれてきた保育園を次に引き継ぐのは自分だということを肌で感じていたのです。

実家の保育園と同じ頃に開園した民間保育園は、自らの資金を投じて事業を始めており、その多くでは、創業者の身内が園長を引き継いでいきます。生え抜きの保育士が園長になったり外部から人材を登用したりすることはまれで、跡を継ぐ人が身内にいなければ廃業してしまうところもあります。もし保育園を長く続けていくのであれば、いずれは自分が保育園を継ぐ日が来るのだということは暗黙の了解のようになっていました。

自分の組んだプログラムが役に立つという原体験

そんな私がＮＨＫで放映されていた「マイコン入門」という番組を目にしたのは中学1年生のときでした。１９７９年のNEC PC-8001の発売とともに、日本にもマイコンブームが到来したタイミングで、当時はコンピューターを使って自分でプログラムをつくることがベースだったので、私は見よう見まねでプログラムを組むことに熱中しました。しばらくすると、簡単なことでは飽き足らず、私の周囲でプログラムを組むことで便利になることがあるのではないかと考えるようになっていったのです。

例えば、両親の経営する保育園では行事の写真を園児の保護者に販売していたのですが、それに伴う事務作業は手作業で行われていました。すべての写真に通し番号を振って掲示し、保護者はそれを見て自分が欲しい写真の番号と枚数を注文書に記入し、現金とともに申し込みます。園では保護者からの注文を取りまとめて、どの番号の写真が何枚必要かを集計して金額に間違いがないかを確認します。注文の枚数に応じて写真を焼き増しして、注文した保護者に配ります。今となってはすべてがインターネット上で完結するような作業です。写真をいちいちプリントするのではなくデータをインターネット上にアップすれば、保護者は欲しい写真をダウンロードできます。料金の支払いも現金のやりとりではなく、キャッシュレス決済が当たり前のように使われます。

しかし、40年前はインターネットが普及するよりもずっと昔です。保育園では計算機を片手にアナログで作業が行われていました。

私がその写真販売の注文を管理するためのプログラムを組んだところ、今までに比べて作業の煩雑さが軽減されて、事務を担当していた職員からとても感謝された記憶があります。今でいえば、Excelに入力した注文番号を自動でピボット集計するようなプログラムです。振り返ってみると、これが煩雑な事務作業を技術で解決する原体験だったのだと感じます。

最先端の情報通信研究を続けるか、幼児保育の最前線に転向するか

ＮＴＴで研究職として働くなかでは、特許申請や国際学会での研究発表など、さまざまな経験をしました。しかし、自分が研究したものを発表するのではなく、上司の発表の手伝いをしただけで、研究者としての自信を失いつつあり、思い悩むことになりました。

実家に帰省した際、両親から保育園の運営についての話があったのはちょうどその頃です。父は東京で働いている私に跡を継ぐことを強制するつもりはないと言いました。私には妹がいて、実家の保育園で保育士として働いていましたが、結婚して実家を離れることになりそうだという話もあったため、父の話では将来的には園を畳もうと考えていたのです。

親にしてみれば、大学院を出て念願の研究職として働いている息子の人生を尊重したいという気持ちだったのだと思います。しかし、私のなかにはさまざまな迷いが渦巻いていました。研究者として働き続ける自信を失いかけていたうえに、当時はＮＴＴが分割される直前の時期です。ＮＴＴという会社の将来性への疑問もありました。

このままＮＴＴの研究者として働いていくとしても、自分の代わりはいくらでもいます。代わりどころか、私よりずっと優秀な人が大勢いるのです。それに対して、保育園は私が継がなければ消えてしまいます。自分が生まれ育ってきたかけがえのない場所がなくなってしまう。それは今、保育園に通っている園児はもちろん、保護者や職員、卒園生にとっても同じことです。脳裏に浮かんだのは「鶏口牛後」という言葉でした。中国の歴史書『史記』の「蘇《そ》秦《しん》列伝」に由来する言葉で、大きな集団の末端として使われるより、小さな組織であってもその長となるほうがよいという意味です。私は保育業界に飛び込むことを決めました。

４年後、私は生まれ故郷に戻ってきました。東京で結婚していたので、もともと住んでいた自宅に、妻とともに住むことになりました。自宅のドアを一枚隔てた先が保育園という環境です。またもや保育園のなかで暮らす生活が始まりました。この時点ではまだボランティアでしたが、園内のネットワーク化を手伝うなどして、時々、園にも顔を出していました。

そして１９９９年４月、ついに副園長として保育園に勤める初日を迎えました。

自宅のドアを開けた先に待っているのは、私が生まれ育ったなじみのある場です。私は意気揚々と自宅から徒歩０分の保育園へ向かったのです。

第1章

ビジネスの常識は一切通用しない

論理よりも、共感が大切な世界

「本日の議事録を配ります」

保育業界は、保育園同士、近隣地域で横のつながりが強い業界です。すると、園の内外を問わず、数多く会議が行われます。

副園長として出勤するようになってから数日後のある日、これから会議が始まるという冒頭でした。一人の先生がプリントを配りながら、「本日の会議の議事録を配ります」と発言したので、私はとても驚きました。

これから始まる会議の議事録を配るとはどういうことか、会議とは名ばかりで既定された形だけのシャンシャン会議なのかと思ってプリントに目を落とすと、当日の議題が並んでいます。配られていたのは議事録ではなくレジュメでした。

保育の現場は非言語のコミュニケーションが重視される世界です。保育士はまだ言葉を話せない乳児とも向き合い、表情や動作などから子どもが求めていることを読み取って対応します。私が経験してきた研究やビジネスの世界とは、１８０度、異なる環境でした。

保育士の多くは言葉にしなくても状況を理解し、察する能力が非常に長けています。保育士同士の会話に耳を傾けていると、私から見ればテレパシーで分かり合っているのかなと思うような場面もあります。すべてを詳細に語り尽くさなくても、それぞれの脳内で情報を補い、状況から相手の言いたいことを理解していくのです。そんな文化なので、議事録という名のレジュメが配られたとしても、今日の議題が書かれたものだと、誰も気に留めることなく、正されることもないままに慣例として続いていました。

ちょうど世の中では議事録の偽造事件が報じられていた頃でした。それまでに勤務していた研究職を挙げるまでもなく、一般社会での打ち合わせでも、記録、文言は非常に重要です。「てにをは」の誤りですら、相互の認識相異で大きな損失につながり、責任問題の争い事になることは容易に想像できます。ましてや、議事録の重要性が報道で繰り返されているなかで、レジュメと議事録の単語を混同して使用するのはあまりに無防備です。私にはこの些細な違いが気になって仕方ありませんでした。

一事が万事です。一つひとつは小さなズレでもそれらが積み重なれば大きなズレになることもあります。保育園に来るまで私が身をおいていたのは、少しの意思疎通のズレによるタイムロスも命取りになるような世界でした。目まぐるしく変化する情勢に先回りして対応していくためには、伝えるべきことを誤解なく伝わるように言語化し、大勢の仲間と共有する必要がありました。

研究者時代の正確な数字に基づいて論理的に語ることでコミュニケーションをとる世界から、言葉にしなくても情報や感情を読み取りコミュニケーションをとる世界へ足を踏み入れた私には驚きの連続でした。

子どもは大根じゃない

保育園業界では、業界内だけでなく行政担当者を交えた会議や研修などが数多くあります。

あるときの会議で保育園経営の話になったことがありました。補助金のことで１人の園児が増えるといくら増収になって、１人あたりにかけられるコストはいくらか、といったお金の話題が続いていたところに突然、１人の園長先生が立ち上がって強く主張しました。

「子どもは八百屋の大根じゃない！　子どもを商品のように考えるべきではな

い」

周りの人もそれに同調するように頷く人がかなりいます。私は大事な話だと思って聞いていましたが、お金の話はその場で立ち消えてしまいました。

もちろんこの園長先生の気持ちは痛いほど分かります。ですが、だからこそ大切な子どもが安心して過ごせる園を存続していくために、経営課題に目を向けることは避けて通れません。経営のことを考えるのは園長の大切な仕事です。子どもたちは商品ではないと言って、経営課題、特に目先の状況だけではない、中長期的な計画や方向性に目を向けずにいれば、最悪の場合は保育園の倒産という事態を招くことになり、結果として最も不利益を被るのは子どもです。

実際、大雑把にいえば、保育園は在籍園児数に応じて補助金がもらえる仕組みです。ビジネスとしての収益モデルでいえば、保育園の園児も、八百屋の大根も同じです。イメージ的には売り切り型よりはサブスクリプション型ビジネスに類似しています。動画配信サービスやマンション経営等とも類似しています。サービス提供量ではなく、契約数によって定額の収入が決まるのです。その契約単価が行政によって決定されるという点が大きな差異といえます。

経営を考えるのであれば、サブスクとしての契約単価を分析、確認しながら、効率的な収入につなげるための検討が必要なはずです。

しかし、保育業界は行政から守られた世界であるためか、経営やお金のことを考えるのではなく、むしろそういった心配をすることなく、保育園経営が安心して継続できるよう、行政に対してあれをするべきだ、これをするべきだという主張を繰り返しがちです。

名著『チーズはどこへ消えた』（スペンサー・ジョンソン著　門田美鈴訳　扶桑社）のなかでヘムという小人が現れます。彼は変化を認めず、変化に逆らおうとします。「こんなことがあっていいわけはない」「われわれには権利がある」という主張を繰り返します。このようなヘムの姿が、私には保育業界と重なって見えます。

社会福祉には三分野があります。介護、障害、保育です。介護業界の10年前の姿が保育業界の姿といわれています。介護、障害の業界が世の中の環境変化で先行し、保育が最も遅れて影響を受けます。その点でも「守られている」といえます。

「守られる」ことが悪いことではないのですが、問題は、永遠に「守られる」わけではないということです。自活しなければいけない波は、すでに保育業界のすぐ隣まで押し寄せています。沸騰するまで油断してしまってゆでガエルにならないよう、時代の変化をキャッチし、余裕のある段階から準備が重要です。

話を元に戻すと、保育園ではお金の話は極端に嫌がられます。タブーのようになっている背景には、単に行政から守られているだけでなく、保護者からの費用で儲けることが禁じられているということもあります。保育園の主な収入は行政からの補助金です。認可保育園であれば、子どもの年齢と受け入れ人数に応じて自治体から補助金を得ています。保育を行うために必要かつ「最低限の」補助金が支給されるのです。保護者から保育に関して発生した実費分を徴収することもできますが、実費金額と行政の定めた金額の低いほうを上限とするといったルールになっていることもあります。利用者からの徴収が主たる収益に直結しないという点も一般社会では考えられないことです。

保護者からの費用で儲けることができない一方、なんらかの補助のつく事業を実施する際には、一定の割合を施設が負担する決まりになっていることも多くあります。

こういった事情があり、保育園は施設単体で儲けを出そうとするのは難しい仕組みであるといえます。得たお金がそのまま支出されるようにできているのです。

お金儲けを目指すのであれば、保育業界はとても不適切です。その代わり、ある意味、行政の指示どおりに運営している限りは倒産せずに維持しやすいという部分もあります。しかし、だからといって、単なる運営だけでなく経営にもしっかりと目を向けなければ、今後、民間の保育園は立ち行かなくなってしまいます。保育園は法人として収益を上げていくことが必要な時代になっているのです。

　法人は社会福祉法によって収益事業も認められています。社会福祉法が収益事業を認めているのは、障害者就労支援施設など、障害者が働けるための就労場所として提供できるなどの収益事業が想定されていることも一つです。一般的には法人で所有している土地を利用した駐車場経営が多いのではないかと思いますが、なかには繁華街で飲食店を経営している社会福祉法人もあります。そのようにして得た収益を公益的事業や、本業務である社会福祉事業に投資することが求められています。しかし、多くの法人は各施設運営で補助金をやりくりしているだけで、補助金のもらえる業務しか行っていないというのが現状です。

　保育園の経営を考えていくうえでは、倒産しないようにするという意識だけでなく、いかに収益を増やし、継続性を高め、地域福祉を充実させるか、そのためにはどうしたらよいかを考えることが大事になってきています。

そのために、一法人で一施設しかないような小さな社会福祉法人では、社会の期待に応えることができません。複数施設を経営し、少しずつの余剰を寄せ集めて、より大きなビジョンを形成する必要があります。その状況を踏まえ、一法人一施設のような社会福祉法人は、ほかの社会福祉法人に吸収合併されてください、という流れを厚生労働省が示しました。あまりにも反対が多かったためか、その間の案として、社会福祉連携推進法人という、持ち株会社のホールディングスのような制度まで開始しました。

今後は、単に一施設の運営を効率化させ、経営力をどのように高めるかというだけでなく、それらを寄せ集めた法人としての経営力が求められています。

それは本当に「子どものため」なのか

保育業界に身をおくと、子どものためだという言葉をよく耳にします。似たようなニュアンスで、子ども目線とか、子ども第一という表現も頻繁に使われます。現場の保育士たちを見ていると、確かに子どもたちのことを第一に考え、身を粉にして働いています。しかし、保育業界には本当に子どものためだといえるか疑問に思う仕組みや制度が多数あります。

例えば、特別保育事業のなかに、リフレッシュ預かり保育があります。これは子どもを月３回を上限に一時的に保育園に預けるというものです。もちろん、24時間３６５日子どもと向き合っている保護者にとって、わずかな時間であっても子育てから距離をおいてリフレッシュする時間は必要です。

しかし子どもの立場から見てみると、突然知らない場所に連れて行かれるわけです。大好きな親から引き離され、置いて行かないでと泣き叫んでも親は戻ってこず、見ず知らずの人に囲まれた時間を耐え忍ぶのは相当なストレスになります。そういったストレスを子どもに強いるのがリフレッシュ預かり保育です。子どものストレスをベースとした、親のリフレッシュのための保育ということもできそうです。もちろん、お預かりをしている間は、子どもたちにとって最も良い時間となるよう、保育士は一生懸命に考えながら保育を行うのですが、制度自体としては、子ども目線、子ども第一という表現からはあまりに遠いものだと思えます。

地域がセーフティネットの役割を果たしていれば、子どもにとってもなじみのある身内や近所の人がちょっと預かるということが可能であるはずです。しかし、地域社会で保育の機能を果たせるのが保育園に限られるような状況では、親のリフレッシュのために、子どもに多大な負担を強いる現状のようなやり方にならざるを得ません。

子どものためをうたうのであれば、保育園がもっと社会に開かれた存在となり、地域が一丸となった子育てサポート体制を構築していくことで、よりよい方法を考えることもできるはずです。ほかの特別保育を並べてみると、産休明け・育休明け入所予約、産休明け保育（生後57日から）、乳児保育（0歳から）、夜間保育、延長保育、休日保育、24時間緊急一時保育、病児・病後児保育などです。大人の都合により、社会のひずみをすべて保育園に押し付けている印象も受けます。

これらについては、『「便利な」保育園が奪う本当はもっと大切なもの』（長田安司著　幻冬舎ルネッサンス）に詳しく書かれています。

保育業界に身をおいていると、子どものためという言葉が、「保護者のため」「大人の都合のため」という事情をきれいに覆い隠すために利用されているようにも感じます。

「仲の良い職場です」とうたう求人広告

保育士の求人を出すために他園の求人広告を参照すると、そこには「仲の良い職場です」「笑顔の絶えない職場です」といったキャッチコピーが並んでいます。どこの園でも似通った文言が並んでいます。次に多く並ぶ文言は「残業・持ち帰り業務なし」「有休取得率100％」などで、要は負担の少なさを示す主張が並びます。印象としては、まるで大学入学時のサークル勧誘のようです。そこに魅力的な初任給の金額が加わる場合もあり、「仕事負担がなく、楽しく過ごして、よりたくさんのお金がもらえる」となると、もはやビジネスというより詐欺の手口ではないかと疑いたくなるところです。

一般的に求人広告は、会社の理念や事業内容、社会貢献、事業規模、本人のスキル成長への道筋などをいちばんに打ち出すべきものであるはずです。新卒採用に対する求人会社一覧を見ても、サークル活動であるかのような社員親睦を最初に提示している内容は見かけません。

しかし、現在の保育業界の状況からすると、仲の良さがいちばんのアピールポイントになるのも仕方ないという面もあります。

保育士の離職理由の上位には長年、人間関係がランクインし続けています。人間関係に疲れて転職しようとする人が、次の職場を探すなら少しでも仲の良くなれそうな雰囲気の職場を選ぼうとするはずです。そういった事情を踏まえて求人広告をつくるとすれば、どこの園でも同じような募集広告になるのは当然なのです。

ただし、新卒保育士は法人理念、保育理念など、より高い視点から園を選定する流れが強くなっています。従前の「職員の仲の良さ」をアピールするだけでは、今後、入職希望者に声が届かなくなります。こうした点からも変化や業務改革が必要なのですが、園長業務はすでに多岐にわたっており、負担を増やすことにつながる改革を園長主導で起こしていくのは困難な状況にあります。

もともと、保育業界で新たに保育士を採用するときは、保育士の養成校に求人票を送るだけで十分でした。また、保育業界の就職採用については、保育士の卵たちは一つの園の選考結果が出るまではほかの園への就職活動はせず、内定を出せば断られることもほとんどないということも特徴的です。

保育士として就業した者が退職した理由（複数回答）

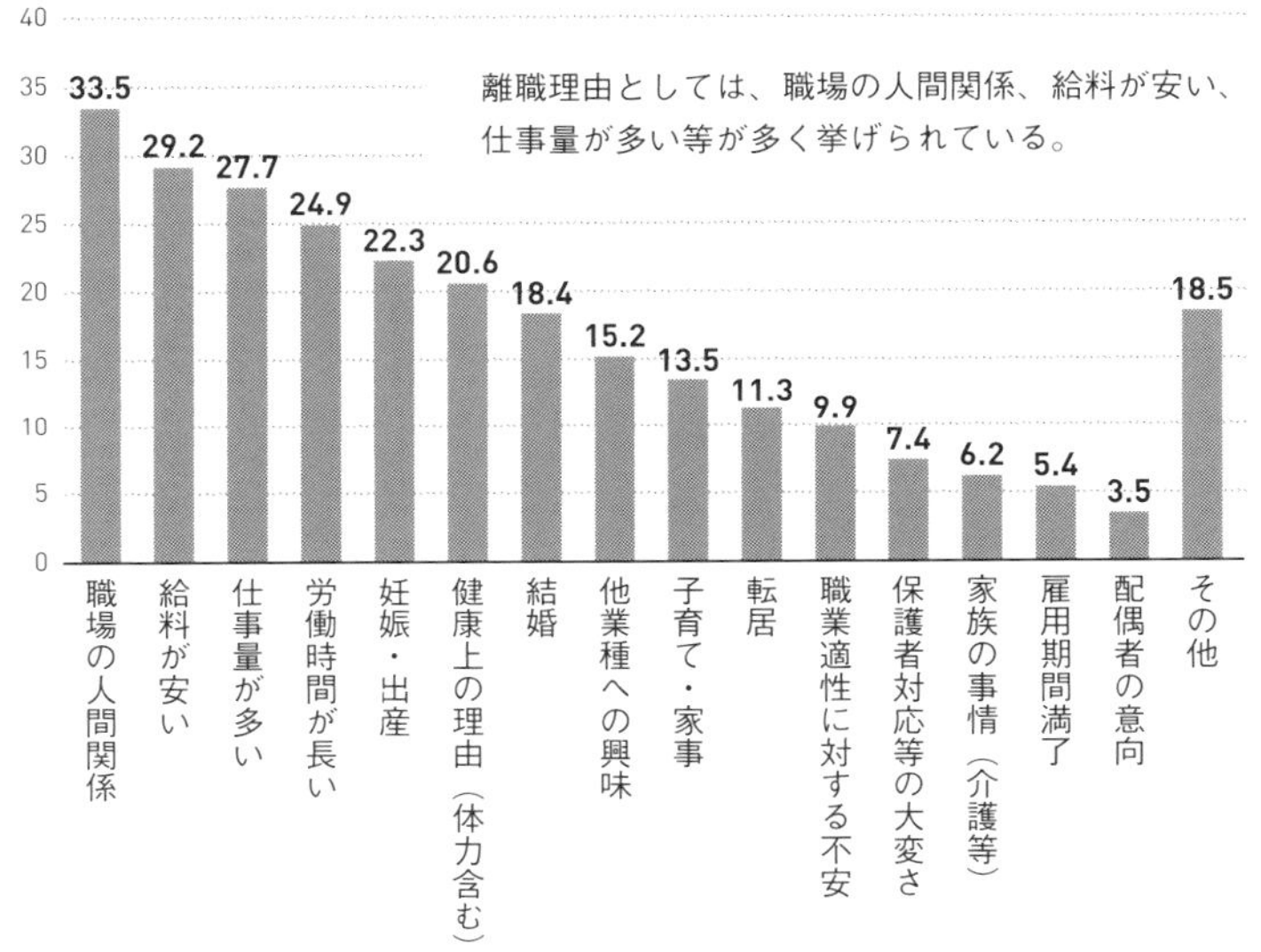

出典：令和４年版　厚生労働白書

ただ、保育士の採用を巡る状況はすでに大きく変化してきています。待機児童の解消を目指して厚生労働省が保育園の数を大幅に増やしてきた結果、業界全体が深刻な保育士不足に陥っています。厚労省のホームページによると、２０２３年１月の保育士有効求人倍率は３・12倍で、全職種平均の１・44倍を大きく上回っています（厚生労働省「職業安定業務統計」２０２２年）。保育士争奪戦が繰り広げられているなかで、従前と同様の求人媒体だけでは職員数の充足に至りません。

保育士の求人数増加だけではなく、止まることのない少子化の流れのなかで、保育士を目指す学生自体が減少しています。そして、保育士養成校は短大が多かったのですが、短期大学から4年制大学へ変更されるところが増加しました。同じ学校規模で履修期間が2年間から4年間になるということは、毎年の卒業生が半減するということです。この点も、保育士の求人倍数を押し上げる要因となっています。

保育事業を継続させるためにも、単に職場の仲の良さをアピールするだけでなく、採用媒体や採用業務効率化も含め、多様な変革が求められます。今まで大手企業でしか使われなかったATS（Applicant Tracking System：採用管理システム）等の活用が、今後は保育園でも必要になり、こうした業務改革の成否が事業運営の勝敗を分けていくことになるのです。

どうしようもなくなったら事業を畳めばいい？

かつての私の保育園もそうだったように、民間の保育園のなかには経営者の高齢化などを理由に事業承継を考えるタイミングがやってきます。後継者候補に考えていた自分の子どもが地元を離れて就職し、自分の人生を歩んでいるということもよくあり、必ずしも身内が積極的に保育園を継ぐとは限りません。

そうすると、保育園経営者には事業を畳むことを考える人も出てきます。心の底では、長年経営してきた愛着のある保育園を閉園するのは苦しい決断だと思います。しかし、親族経営の形で続けていく限り、事業承継の候補者が非常に限定されてしまいます。実際に私の経営している保育園も私が戻らなければ今頃はどのようになっていたか分かりません。

通っている子どもたちや保護者のことを考えたら、軽々しく事業を畳むかもしれない、などと発言すべきではありません。なんとかして継続させる道を模索するのが誠意と責任のある対応だと私は考えます。

親族経営がすべて悪というわけではありませんが、事業継続へ責任のある対応を取るためには、親族以外の選択肢が採用できる体制を構築する必要があります。私は２０１９年に園長を退き、理事長として法人運営に専念しています。今、経営している保育園それぞれの園長、法人幹部職員らには、親族だけでなく、長年、法人内の施設で勤務を重ねたなかで特に優秀な職員、さらには、外部から登用した人材を充てています。いずれ保育園の数を増やしていくとしたら、現場の保育士のなかから園長職へのキャリアラダーもしっかりとした研修体制のなかで構築することが必要です。

保育業界で一法人一施設のままではいずれ限界がきます。福祉医療機構のデータによると、定員割れを起こす園がすでに増えており、都道府県全体での利用率が８割を切っているところもあります（Welfare And Medical Service Agency「２０２１年度〈令和３年度〉保育所および認定こども園の経営状況について」）。待機児童問題という、ある意味で保育業界としてはバブルのような状態が続いていた時代は終焉しました。これまでのやり方では事業承継どころか経営自体が非常に厳しい状態に追い込まれるところも出てきます。社会福祉法人が複数の保育園、複数の施設をもち、厚生労働省の指摘する多角化や多機能化による福祉サービスを提供し、各施設に共通する部分は法人がまとめて管理するなどして効率化を図ることで、事業経営力を強化していくことが求められます。

保育園が保育だけをしていれば良かった時代は終わりました。少子化が急速に進むなかで、黙っていても毎年同じように園児が入園してくるという状況はすでに過去のものとなりました。今後も地域の責任ある子育て支援施設として保育園が存続していくためには、これまでの考え方ややり方を見直さなければなりません。

第2章

保育園は親のためにある？

矛盾の多い保育園制度が園の主体性を奪う

保育園・幼稚園・認定こども園の違いとは

この本では一般的に使われる「保育園」という単語を使っていますが、保育園という呼び名は愛称に過ぎません。法的には「保育所」です。また世の中には「子どもの家」「愛児園」「nursery school」、当法人で使用している「幼児園」などのさまざまな名前を冠した保育園が存在しています。

保育園は厚生労働省の管轄で児童福祉施設という位置づけです。一方、幼稚園は文部科学省の管轄で教育施設とされます。認定こども園については内閣府の管轄で、位置づけはそれぞれ異なりますが、一般的には非常に分かりにくいと思います。

認定こども園の制度が始まった２００６年頃、全国でおよそ２万人の待機児童が存在していました。もっとも待機児童問題がそれ以前になかったというわけではなく、「保育園落ちた日本死ね!!!」と匿名のブログなどにより抗議が広がり社会問題としてより多くの社会的関心、注目を集める前から、都市部を中心として働く保護者たちの頭を悩ませていました。

一方で、幼稚園の利用児童は10年ほどの間に約10万人も減少する事態になっていました。背景に共働きの家庭の増加があります。かつては母親が専業主婦で子どもを幼稚園に通わせるのが主流だったのが、保育園に子どもを預け両親ともに働く家庭が増えたのです。

専業主婦世帯と共働き世帯の比率が並んだのが１９９１年頃です。その後10年ほどは同程度の比率で推移したのですが、２０００年に入り共働き世帯が増え始め、現在、共働き世帯の比率は専業主婦世帯の３倍に迫ろうとしています（厚生労働省「令和４年版　厚生労働白書」）。その推移グラフはまるでワニが口を開けているように見え、「一度口が開いたワニは、もう口を閉じることがない」といわれています。

そのような状況下でスタートしたのが認定こども園制度でした。認定こども園とは、幼稚園と保育所の両方の良さを併せ持っている施設と説明されます。幼稚園と保育園の機能を併せ持った認定こども園をつくることで、園児数の減っていた既存の幼稚園の施設を有効に活用することができます。それにより、保育園の定員から溢れてしまった分を認定こども園が吸収することで、待機児童問題の解消も目指したのです。

認定こども園は、以下の４タイプがあります。

幼保連携型

幼稚園と保育園の両方の機能をもつ型で、認定こども園として独立していて、教育機関かつ児童福祉施設として文部科学省と厚生労働省から認可を受けています。

幼稚園型

既存の幼稚園に保育園の機能が追加されたタイプです。幼稚園教育要領に基づいた教育がされており、教育機関としての幼稚園という位置づけです。

保育園型

既存の認可保育園に幼稚園の機能が追加されたタイプです。「保育所保育指針」に基づいた保育で、児童福祉施設としての保育園という位置づけです。

地方裁量型

既存の認可外の幼稚園や保育園などに、認定こども園の機能が追加されたタイプで小規模保育事業などが含まれます。（厚生労働省「保育所等関連状況取りまとめ〈令和４年４月１日〉」）。

一口に認定こども園といってもいろいろなタイプがあります。私の法人が経営している施設は、もともとは保育所ですが、平成27年度に保育所型認定こども園に、また、令和３年度に幼保連携型認定こども園となりました。児童福祉施設としての役割はそのままに、英語教育や食育などにも力を入れ、教育機関としての役割も果たしています。

保育所と幼稚園と認定こども園との比較表（参考）

	保育所	幼稚園	認定こども園
所管	厚生労働省	文部科学省	内閣府・文部科学省・厚生労働省
根拠法令	児童福祉法に基づく児童福祉施設	学校教育法に基づく学校	就学前の子どもに関する教育、保育等の総合的な提供の推進に関する法律
目的	「日々保護者の委託を受けて、保育に欠けるその乳児又は乳児を保育すること」（児童福祉法第39条）	「幼児を教育し、適当な環境を与えて、その心身の発達を助長すること（学校教育法第22条）」	幼稚園及び保育所等における小学校就学前の子どもに対する教育及び保育並びに保護者に対する子育て支援を総合的に提供
対象	保育に欠ける乳児・幼児（特に必要があるときは、日日保護者の委託を受けて、保育に欠けるその他の児童を保育することができる）	満３歳から小学校就学の始期に達するまでの幼児（学校教育法第26条）。従来は小学校等の入学年齢と同様に４月１日に満３歳に達していることを条件とされていたが、近年一部の幼稚園では満３歳の誕生日の前日から入園できるようになった。	保育に欠ける子も欠けない子も受け入れて、教育・保育も一体的に行う。すべての子育て家庭を対象に子育て不安に対応した相談等を提供する。
教育・保育内容の基準	保育所保育指針による。（幼稚園教育要領との整合が図られている。）	幼稚園教育要領による。（保育所保育指針との整合が図られている。）	保育所保育指針に基づく保育。幼稚園教育要領に基づく教育。
ねらい・内容	子どもの発達の側面から「健康」「人間」「環境」「言葉」「表現」の５領域と「生命の保持」及び「情緒の安定」にかかわる事項で示される。	幼児の発達の側面から「健康」「人間関係」「環境」「言葉」「表現」の５領域から示される。	
１日の教育・保育時間	８時間（原則）。夜間の保育を実施する保育園もある。	４時間（標準）。 概ね幼稚園では、この基準どおり運営されているが、子育て支援として、預かり保育が実施されるようになり、保育園と変わらない長時間保育を実施している幼稚園もある。	４時間利用にも８時間利用にも対応。
年間の教育・保育日数	規定なし。	39週以上。	入所児童に応じて施設で決定する。
教員等の資格	保育士資格証明書	幼稚園教諭普通免許状	０歳から２歳児は保育士資格、３歳から５歳児は両資格併有が望ましい。当分の間は、どちらか一方の資格で可。
保育料等	保護者の課税状況に応じて市町村長が決定する。保育料は市町村に納付する。	各幼稚園の設置者（学校法人、自治会等）が決定する。保育料は幼稚園（公立の場合は自治体）に納付する。設置者によりその金額は様々である。私立幼稚園の在園児の保護者には就園奨励費等の補助金が支給される制度がほとんどの自治体に設けられている。	利用時間をふまえ、設置者が決定する。
一学級当たりの幼児数及び一教員（保育士）当たりの幼児数	一学級当たり乳幼児数／学級編制基準なし。 一保育士当たりの幼児数数は児童福祉施設最低基準によると乳幼３人、１歳以上３歳未満児６人、３歳以上４歳未満児20人、４歳以上児30人。	一学級当たり幼児数／設置基準35人以下（原則）。	０歳から２歳児に対しては保育所と同様の配置が望ましい。３歳から５歳児は概ね子ども20人から35人に１人。
認可外施設	最低基準を満たさない等の理由の他に休日・夜間保育等、保護者の様々なニーズに対応するために意図的に認可を受けていない施設がある。	幼稚園という名称は設置基準を満たし認可を受けた施設以外は使うことができない。	認定施設以外は「認定こども園」と表示することを禁じられる。
メリット	保護者の就労等、長時間の保育を必要とする場合に、その子どもの生活のリズムに添った保育が受けられる。０歳児から預けることができる。また、夜間の保育を実施するところもある。土曜日も保育があり、原則として夏休み等の長期の休みはない。	施設での教育と家庭での子育てがバランスよく行える。	保護者の就労の有無に関わらず、同じ施設に子どもを預けることができる。保育所型でも学校教育法に基づく教育を受けられ、幼稚園型でも長時間保育が受けられるので、施設の選択肢が増える。子どもが通園していない家庭でも育児相談等の子育て支援が受けられる。

出典：芦屋市HP

1号・2号・3号って何？

２０１５年に始まった「子ども・子育て支援新制度」によって、認定こども園や新制度下にある幼稚園や保育園に入園するためには、自治体から保育認定を受けることが必要になりました。子どもの年齢と「保育を必要とする事由」によって、1号・2号・3号の区分があります。1号、2号という、まるで仮面ライダーか何かのようにも聞こえますが、これは、子ども・子育て支援法第19条の第1号、第2号、第3号で定められた子どもという意味です。

保育を必要とする事由には次のようなものがあります。

・就労
・妊娠・出産
・保護者の病気や障害
・親族の介護や看護
・災害復旧中

・求職活動中
・就学や職業訓練中
・その他、市町村が認める場合

子どもの年齢が３～５歳で、保育を必要とする事由に該当しなければ１号、子どもの年齢が３～５歳で、保育を必要とする事由に該当すれば２号、子どもの年齢が０～２歳で保育を必要とする事由に該当すれば３号となります。なお、子どもの年齢が０～２歳で、保育を必要とする事由に該当しなければ「認定の必要なし」となりますが、必要に応じて一時預かりなどの支援を利用することができます。ちなみに「保育の必要な子ども」について、以前は「保育に欠ける子ども」という表現だったのですが、認定こども園制度が始まるなかで表現が改められました。制度が始まる前には、「保育の必要がない子どもなんてこの世にいるはずがない！」と保育諸団体から意見が出ていたのですが、代替となるよりよい表現が見当たらず、今では「保育の必要なこども」という表現で落ちついています。

認定区分に応じて利用できる施設が定められています。１号認定の場合は認定こども園・幼稚園、２号認定の場合は認定こども園・保育園、３号認定の場合は

認定区分の決まり方

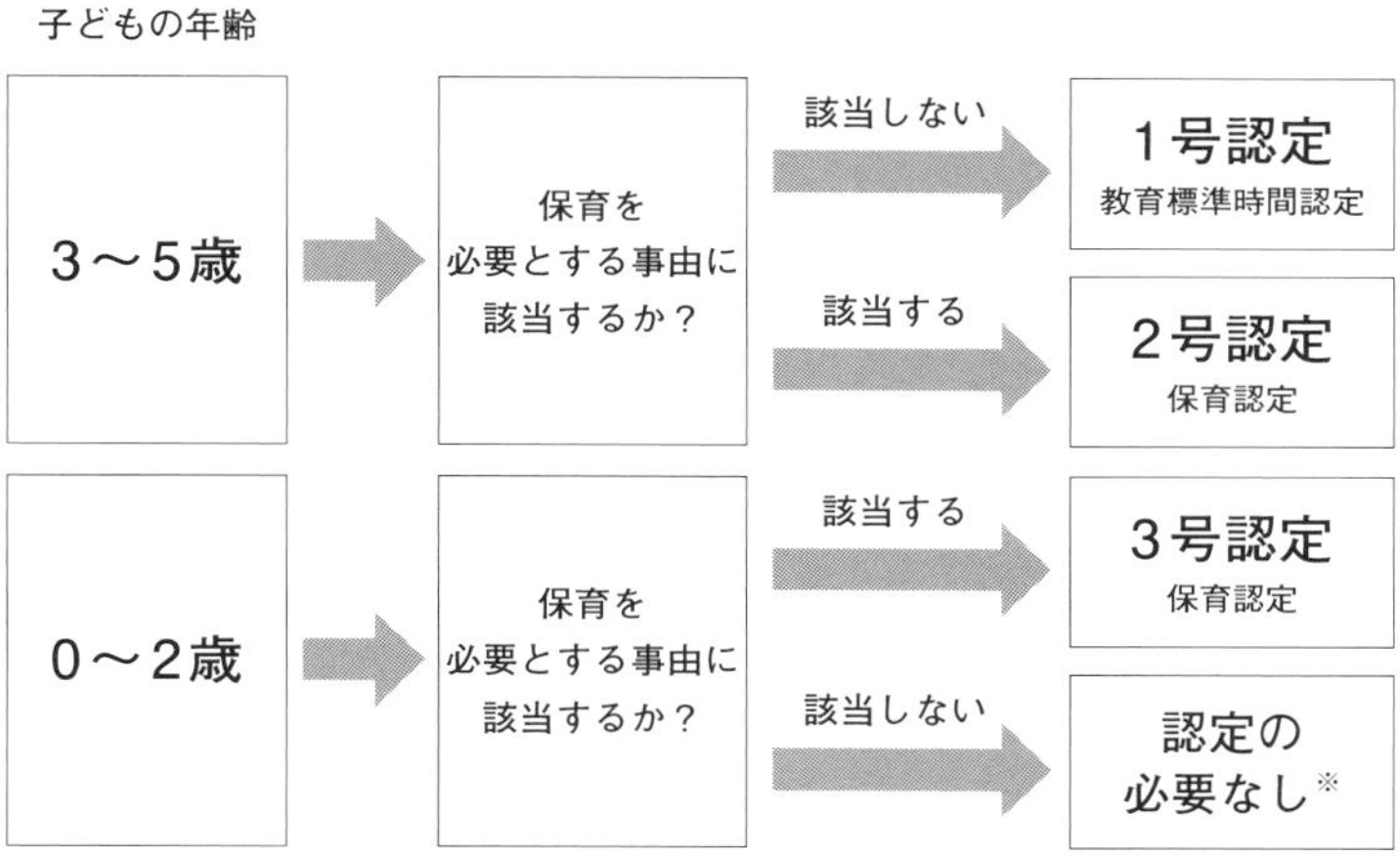

※必要に応じて一時預かりなどの支援が利用可能

保育園・認定こども園・地域型保育です。

認定区分が1号・2号・3号のいずれであっても、認定こども園は利用することができます。そのため、なんらかの事情で認定区分に変更があっても、同じ園に通い続けられるという利点があります。

例えば、入園時点では2号だったので保育園に預けていたものの、在園中に親の離職によって「保育が必要な事由」がなくなって2号認定から1号認定になるということもあり得ます。その場合、保育園に通っていたのであれば保育園から幼稚園もしくは認定こども園に移らなければなりませんが、認定こども園に通っていたのであれば、同じ園に通い続けることができます。

入園時点で1号だったので幼稚園に通っていたものの、保護者の就職によって2号認定になった場合も、幼稚園から認定こども園もしくは保育園に転園する必要が出てきます。

このように何号であっても認定こども園は利用することができますが、保育時間は認定区分によって異なります。同じ園に通っていても親の働き方等に合わせて、子どもたちは帰りの時間がそれぞれ違います。1号の場合は4時間（教育標準時間）、2号・3号の場合は11時間（保育標準時間）または8時間（保育短時間）となります。こども園では子どもの認定区分によって4時間で帰る子たちもいれば、早く帰る子たちを見送ったあとに引き続き園に残って、親が仕事を終えて迎えにくるまで1日最大11時間、延長保育を利用すると1日最大12時間以上を園で過ごす子もいるということになります。

誤解されないよう注意が必要ですが、例えば、2号で保育標準時間の認定が出た場合、毎日11時間を必ず保育園に預けなければいけないという意味ではありません。また、11時間の保育時間を利用する「権利」が与えられたという考えとも異なります。11時間、延長保育を利用すればその延長時間分も含め、その時間枠を上限として、親族などの協力も踏まえたうえで真に保育を必要とする時間のみ利用が認められるということです。

同じ保育サービスを受けても支払う額は人によって違う

一般に商品を買う場合、価格が購入者によって変わることはありません。しかし保育サービスでは、同じサービスを受けていても人によって支払う額が変わります。つまり同じ保育園に同じ年齢の子どもを預けていても、親の収入、正確には住民税額によって支払う利用者負担額（いわゆる保育料）は変わってくるのです。

名古屋市の３歳未満児の利用者負担額は世帯年収別に見ると次ページの表のようになります。

令和5年度利用者負担額（保育料）基準月額表（令和5年4月～）（2・3号認定子ども）

<table>
<tr><th colspan="4" rowspan="3">階層区分</th><th colspan="2">市の基準月額</th><th rowspan="2">参考：
国の基準月額
（保育標準時間認定）</th></tr>
<tr><th colspan="2">3歳未満児</th></tr>
<tr><th>保育標準
時間認定</th><th>保育
短時間認定</th><th>3歳未満児</th></tr>
<tr><td colspan="2">A階層</td><td colspan="2">生活保護世帯及び中国残留邦人等の円滑な帰国の促進及び永住帰国後の自立の支援に関する法律による支援給付受給世帯</td><td rowspan="2">0円</td><td rowspan="2">0円</td><td rowspan="2">0円</td></tr>
<tr><td colspan="2">B階層</td><td rowspan="2">令和5年度分
（4月分から8月分までは令和4年度分）の市民税</td><td>非課税世帯</td></tr>
<tr><td rowspan="16">C階層</td><td>1</td><td>均等割のみ課税世帯</td><td>5,700</td><td>5,700</td><td rowspan="4">19,500</td></tr>
<tr><td>2</td><td rowspan="15">令和5年度分
（4月分から8月分までは令和4年度分）の市民税所得割課税額</td><td>10.000円未満</td><td>6,400</td><td>6,300</td></tr>
<tr><td>3</td><td>10,000～
40,800円未満</td><td>7,500</td><td>7,400</td></tr>
<tr><td>4</td><td>40,800～
43,800円未満</td><td>11,200</td><td>11,100</td></tr>
<tr><td>5</td><td>43,800～
55,200円未満</td><td>13,900</td><td>13,700</td><td rowspan="3">30,000</td></tr>
<tr><td>6</td><td>55,200～
67,000円未満</td><td>17,500</td><td>17,300</td></tr>
<tr><td>7</td><td>67,000～
88,800円未満</td><td>22,100</td><td>21,800</td></tr>
<tr><td>8</td><td>88,800～
110,000円未満</td><td>25,800</td><td>25,400</td><td rowspan="3">44,500</td></tr>
<tr><td>9</td><td>110,000～
131,600円未満</td><td>29,400</td><td>29,000</td></tr>
<tr><td>10</td><td>131,600～
180,000円未満</td><td>34,900</td><td>34,400</td></tr>
<tr><td>11</td><td>180,000～
236,800円未満</td><td>42,700</td><td>42,000</td><td rowspan="2">61,000</td></tr>
<tr><td>12</td><td>236,800～
281,000円未満</td><td>50,300</td><td>49,500</td></tr>
<tr><td>13</td><td>281,000～
351,500円未満</td><td>58,300</td><td>57,400</td><td rowspan="2">80,000
（給付単価限度）</td></tr>
<tr><td>14</td><td>351,500～
411,800円未満</td><td>63,400</td><td>62,400</td></tr>
<tr><td>15</td><td>411,800～
518,000円未満</td><td>63,900</td><td>62,900</td><td rowspan="2">104,000
（給付単価限度）</td></tr>
<tr><td>16</td><td>518,000円未満以上</td><td>64,000</td><td>63,000</td></tr>
</table>

出典：名古屋市「利用者負担額（保育料）のお知らせ」

名古屋市の場合でいうと、生活保護世帯と市民税が51万8000円以上の世帯では、保護者が支払う1カ月の利用者負担額に6万4000円の差があることになります（令和5年度実績）。このような差が生まれるのは、利用者負担額が、どれだけメリットを受けたかに応じて支払う応益負担ではなく、どれだけ支払う能力があるかによって支払う応能負担という仕組みをとっているからです。

しかも、毎月の利用者負担額は、事前に役所へ問い合わせれば教えてもらえますが、一般的には保育園に入園して初めて知らされることになります。入園の決定通知と一緒に利用負担額の通知が役所から届きます。購入契約後に初めて費用を知らされるという場面は、一般社会ではほとんどありません。同様に、一部の例外を除けば、一般社会ではコストに対する費用の一部を支払うだけでサービスを受けられるということもありません。その負担額は市民税額に応じて決まりますが、基準月額表は自治体ごとに、毎年3月の議会で決まります。市民税は前年の所得に応じて、毎年6月に通知が届き変更となりますが、事務手続き上、保育園の利用者負担額は9月に変更分が反映されます。これらは、商品やサービスの売買ではなかなか見ない仕組みです。

しかし、福祉の原理としては珍しいものではありません。かつては介護業界もこの仕組みをとっていました。ただ、介護の場合は応益負担に移行しています。その背景には急速な高齢化がありました。日本がかつてないスピードで高齢化していったため、応能負担を続けていては介護費用が日本の財政の逼迫を招くことが明らかとなり、国は介護サービスを応益負担に切り替えたのです。

また、負担額を支払うと利用する権利が生じるように思われそうですが、各家庭が真に保育を必要とする時間内の利用として制約されています。それは、保護者の子育て力を低下させるための保育制度ではなく、あくまでも子育ての責任主体は保護者にあることを前提としていることに関係しています。このように利用可能時間に制限があるという点においても、一般社会の常識とは異なって見えます。

そもそも、全園児がフルの保育時間を利用することを前提とした制度設計にはなっていません。配置基準による保育士の労働リソースが保育園開園時間のサービス提供に対して、圧倒的に不足するのです。

保育に必要な最低限の費用は、補助金として国、自治体から給付されます。そのうちの一部を利用者として保護者が負担するのが利用者負担額です。保育は福祉サービスというセーフティネット機能である以上、利用時間等によって金額が変わるのではなく、所得や市民税額で決定されるというのは、おかしな話ではありません。

消費税が８％から10％に上がった財源を活用し、３歳以上の幼児保育料無償化が実現しました。ただ、保育料が高額になっている０～２歳児については、これまでどおりです。この保育料を無償化し、少子化対策への寄与を期待する声もあります。行政のもっている最後の切り札ともいわれていますが、先行して3歳未満児の無償化を実現してきた韓国では２０２２年の出生率が日本の半分ほどとなっており、少子化対策に対する税金の投資効果としては非常に難しいところです。

３歳未満で保育施設を利用しない子ども、法的に1号から3号が定義されているなかで、時折、「0号こども」と表現されることもありますが、そういった家庭の子育て支援とのバランス、子をもたない家庭、未婚者との税負担バランスなど、さまざまな点が議論されています。

また、保育施設の場合、国や自治体からの給付額は、保育を行った実績に応じて支払われるのではなく、施設に在籍している園児数によって決められます。これもまた、利用者である保護者の必要に応じて保育を提供する、つまり、保護者の必要度合いが低くなると、保育園の経営が不安定になるようなことを避ける点では重要なことだと思います。コロナ流行で保育園が休園していた時期も、保育は満額の給付額が支給され、保育士への給与も同様に支払われていたことは、社会のエッセンシャルワークを守るための対応として新聞等で報じられました。

ただ、社会福祉事業で常に先に変革が行われる介護分野では、利用率によって報酬が変わっています。介護分野は保育の10年後を映しているともいわれます。いずれ保育業界も、さまざまな点が変更になろうかと思います。

０歳児１人につき月20万円以上の税金が投入されている

保育業界の人間として、不適切保育の報道があったことは非常に残念であり、同じ保育事業に関わる人間として申し訳ない気持ちになります。

そのなかで、保育士の配置基準について繰り返し報道されていました。具体的な数値を記憶するには至らないかもしれませんが、０歳児３人に対し１人の保育士が配置されるという概要は把握されている方も多いのではないでしょうか。

保育園の収益モデルは、在籍する園児に応じて補助金（税金）が保育園に支払われるという流れですが、園児１人あたりいくらの補助金が支払われるかご存じでしょうか。ヒントは、配置基準です。

例えば、０歳児３人で１人の配置基準ということは、１人の保育士にかかる人件費の３分の１が、０歳児１人の在籍に対し保育園へ支払われることは想像できるかと思います。その人件費には、社会保険などの事業所負担分も含まれます。当然、毎月の給与だけでなく賞与のコストも含まれます。

それだけではありません。保育園の運営に係るその他の費用も園児一人ひとりの補助金に含まれるのです。例えば、電気、ガス、水道などのライフライン、設備維持費、保護者に費用負担を求めない部分の給食材料費、社会保険労務費、会計経理等の各種専門事業に関する業務委託費、保護者が送迎時に利用する駐車場維持費、園児送迎用のバス代など。設備維持には、エアコンのメンテナンスや機器入れ替えだけでなく、園舎の補修、建て替えまで含まれます。これらの概算が定員に応じて案分され、保育単価として組み入れられます。

人件費は、保育士だけのコストではありません。園児の人数に応じて保育士の配置基準が定められますが、それ以外に、施設長である園長、調理事務等の職員についても、そのコストは園児一人ひとりの補助金に含まれます。例えば、設備維持費としていくらの補助金が含まれると明示されているわけではありませんが、補助金が収入のほぼすべてとなっている保育事業では、補助金のなかからこれらの経費をつくり出す必要があります。補助金に含まれない、補助金からつくり出すことができない経費は継続できないことになります。

その結果、0歳児1人の保育について、毎月20万円以上の補助金（税金）が投入されることになります。大卒初任給に匹敵、もしくはそれ以上の金額になります。視点を変えると、0歳児を自宅で見守っている家庭には、保育園に入園している家庭に比べ、子育てへの税金投与がそれだけ少ないともいえます。

そのように考えると、保育士の配置に非常に多くの税金が充てられているように受け止められるかもしれませんが、日本の保育士の配置基準は海外に比べて、とても厳しいものになっています。日本では0歳児の場合は子ども3人に保育士1人、1・2歳児の場合は子ども6人に保育士1人、3歳児の場合は子ども20人に保育士1人、4歳児以上は子ども30人に保育士1人というのが基準になっています。

保育士の配置基準（保育士１人で見られる子どもの人数）

<table>
<tr><th rowspan="2"></th><th rowspan="2">日本</th><th>米</th><th rowspan="2">英国</th><th rowspan="2">フランス</th><th>ドイツ</th></tr>
<tr><th>ニューヨーク州</th><th>ザクセン州</th></tr>
<tr><td>乳児</td><td>3人</td><td rowspan="3">4人
(1歳半以降は5人)</td><td rowspan="2">3人</td><td rowspan="3">歩けない子5人、歩ける子8人</td><td rowspan="3">6人</td></tr>
<tr><td>1歳</td><td>6人</td></tr>
<tr><td>2歳</td><td>6人</td><td>4人</td></tr>
<tr><td>3歳</td><td>20人</td><td>7人</td><td rowspan="3">13人</td><td rowspan="3">15人</td><td rowspan="3">13人</td></tr>
<tr><td>4歳</td><td>30人</td><td>8人</td></tr>
<tr><td>5歳</td><td>30人</td><td>9人</td></tr>
</table>

出典：東京新聞（2022年11月10日）

０歳児３人を１人の保育士が担当するというのは、子育てを経験したことのない人でも、いかに大変であるか容易に想像できるかと思います。さらには、元気に動き回り自己主張もするようになってくる２歳児６人を１人で見るというのも大変です。

誤解されがちなのですが、この「０歳児」という表現は、必ずしもその年齢の子どもを指すわけではありません。例えば「２歳児」といった場合、その時点で満２歳ということではなく、その年度の初日である４月１日時点で２歳である子どもを指しています。そのため「２歳児」クラスでは、３月になるとほとんどの子が３歳になっています。

そのなかで０歳児だけは特別で、４月１日時点ではまだ生まれていなかった子、あえて表現するならマイナス１歳児も含んでいるため、学年で例えると2学年が一つにまとめられていることになります。保育園では年度途中での入園もありますので、例えば5月に生まれて9月等に入園すれば、０歳児クラスに加わることになります。すると、３月になった時点では、まだ首のすわっていない乳児と、すでに1歳になっている赤ちゃん、さらにはまもなく２歳の誕生日を迎えようとする子までが混在している状態になっています。

この頃の乳幼児は、短期間にとても大きな成長を迎えます。そして、一人ひとり、豊かな愛情をもって保育することが重要です。そんな大切な社会の宝について、「０歳児３人に保育士１人」というのは非常に無理があるのは明白です。

また、配置基準で割り当てられる保育士は労働者ですから、労働基準法が適用されます。つまり仕事は週に40時間が上限です。一方、保育施設は週６日、標準で11時間、延長保育1時間を合わせると１日12時間、週合計72時間の保育が必要です。また、緊急時に対応ができるよう、たとえ保育園に残っている園児が１人しかいない時間帯であっても、保育時間中は複数人体制が求められます。こうした制限があるなかで、保育士と保育時間をやりくりし、かつ、命を預かる繊細で責任重大な重労働を続けなければなりません。そのような無理がいっぱいのなかで保育という業務が進められていることを、もっと私たち保育業界は情報発信に努め、世の中に対し、改善機運を高めなければいけないと思っています。

保育士配置基準について海外と比較してみると、大きな差が出ているのが3〜5歳です。アメリカのニューヨーク州と比較すると、保育士1人あたりが見る子どもの数が日本は3倍近くになっています。

この配置基準だけを見れば、もっと保育士の数を増やすべきだと誰しも思うはずです。しかし、保育士の数を増やせばその分の給与を支払う必要があります。その財源は税金です。また、現状で保育士の給料がその労力と責任の大きさに対して十分とはいえないなか、むやみに人数を増やすことだけを進めようとすれば、給与の改善はさらに難しくなります。ただでさえ財政が厳しいのに、こういった事情を満たせるだけの財源はどこから確保するのかという問題があるのです。

配置基準を改善したところで、そもそも保育士の数の確保自体が難しい状況です。今でさえ、募集に対して数の少ない保育士の卵を保育園が奪い合っているという状況にあります。そうなると出てくるのが、医療の世界には看護師・准看護師があるように、保育でも准保育士という資格を新たにつくってはどうかという議論です。しかし、そのような方法で、果たして本当に保育の質は守られるのかという疑問が湧きます。

保育士の仕事は子どもたちの命を預かる仕事で責任も重く、肉体的にもハードである割に、給与もほかの職種と比較して安いということは以前から指摘されてきました。賃金構造基本統計調査によれば、令和3年度の保育士の平均月収は25万６５００円となっています。前年までと比較すると増加傾向にはあります。ただ、ほかの業種と比べるとまだ低いといわざるを得ません。

配置基準を変えるというのは、保育の質を向上させることが目的のはずです。しかし、新たな配置基準をつくっても保育士の数が不足することは明らかです。なんとか配置基準をクリアしようと「経験不要でも資格さえもっていればいい」という保育士を大量雇用するようなことが起これば、逆に保育の質を下げることになります。

もう一つ忘れてはならない視点は、保育が社会インフラであり、大切なセーフティネットであるということです。しかし、保育士の採用スキル等については施設や法人によって非常に大きな差が生じています。さらには採用後の研修体制や人材育成体制には、もっと大きな差異があります。

こうした体制を構築するためには採用力の強化や職員教育体制の充実は欠かせません。そのためには常日頃からさまざまな情報を集め、組織体制を常に改善し続けるパワーが必要です。しかし、こうしたパワーが必要だと分かっていても一法人一施設で運営している保育園の多くでは、それらを主導すべき園長に余力がないのが現状です。

　そうすると、大手の法人や組織力の強い法人の一人勝ちが起き、施設間の格差はますます広がっていきます。社会インフラでありセーフティネットである保育に、サービス品質の格差が生じるのが適切なことであるとは私には思えません。例えば、区役所、市役所間の格差で地域住民へのサービス品質に格差が生じることはあってはならないはずです。そんな大人の都合が、子どもの処遇や地域住民への保育サービス品質に影響を与えてしまうことは避けなければなりません。

　もちろん、大事な社会インフラだからと制度として守り過ぎるために、施設としての努力が成果にまったく影響しないというのは問題ではありますが、市場主義のように勝ち組と負け組の格差が拡大し続けることは、それ以上に大きな問題になります。

　おいしいラーメン店が集中するラーメン激戦区と、ラーメン店がまったくない地区が分かれてしまうことは仕方がないかもしれませんが、公的サービスである保育について、品質の高い保育の集中地域と、保育サービスの提供がまったくない、または非常に貧弱な保育サービスしか提供されない地域という格差ができてしまうことは大きな問題です。

一方で、保育の問題は子どもをもつ家庭にとっては重大事項ですが、単身世帯や子どものいない世帯はなかなか関心をもちにくいものでもあります。また、子育て世代であっても自分の子どもが卒園してしまえばひとごとになってしまいます。私は、未来を担う子どもは社会の宝であると考えています。大切なのは、社会全体で子どもたちの保育環境に関心をもち、あるべき姿についての議論をもっともっと高めることだと思うのです。

配置基準のよくある勘違い

国が定める保育士の配置基準は63ページのとおりですが、注意が必要なのは「1人の保育士で見られる」という言葉の意味です。

小学校であれば、「1クラス30人まで」という基準に従って、1クラスの人数が31人になった時点でその学年は2クラスとなり、担任の先生が少なくとも2人は配置されます。

ところが、保育園の場合は４、５歳児の人数が30人に達したら保育士１人分の給与となる給付金が施設に支払われるということを意味します。仮に４、５歳児が15人だったとしたら、保育士０・５人分の給付金が支払われるということです。

例えば、小学1年生の場合は学校で過ごすのは主に午前中のみです。保護者からすれば、朝に登校したと思ったらすぐに下校してくるといった感覚です。しかも、授業と授業の間の休み時間は子どもたち同士で遊んでいて、担任の先生が一人ひとりの生徒をずっと見守っているわけではありません。その間に、先生は次の授業の準備をしています。

一方、保育園は基本的に11時間の開園となっています。これに1時間の延長保育も合わせれば、１日あたり12時間の保育をしていることになります。小学校のような休み時間もありません。

このような違いがあるにもかかわらず、労働基準法では小学校教諭も保育士も区別はありません。基本的に、保育士の配置基準では、保育時間をすべてカバーすることはできません。

特に０歳児には２学年が含まれ、成長度合いの大きく異なる乳幼児３人を１人で見るという、その仕事のハードさはかなりのものです。当然、０歳児に限ったことではなく、どの保育年齢であっても、子どもの気持ちに寄り添い丁寧な保育を進めるために、日本の保育士の配置基準は不適切だといわざるを得ません。

保育園の給食

保育士の配置基準はよく話題にのぼりますが、一般的に知られていないのがそれ以外の職員の配置基準です。例えば、調理業務にあたる職員を見てみると、１００人定員の保育施設の場合「調理事務等」として配置されるのは２人です。つまり、調理員と事務員との兼任で２人ということです。

園によって異なる場合もありますが、多くの保育園で在籍している園児に加えて保育士などの職員の給食も毎日用意します。制度上、職員としては「調理事務等」という扱いなので、調理だけでなく経理や書類業務、業者との打ち合わせ、保護者への対応、施設整備保守等の業務もこなす、という位置づけの職員配置です。

その忙しさのなかで、園児たちのアレルギー対応もしています。アレルギー対応と一口にいっても、単に１つの食材だけを除去するだけでなく、対応範囲は幅広くなります。

アレルギー症状の表れ方は人それぞれです。誤って口にした場合、少しかゆくなる場合があるというレベルから、少しでも口にしたらアナフィラキシーショックを起こすという深刻なレベルまでさまざまなのです。

食品がどんな状態であればアレルギー反応を起こすのかについても非常に幅があります。生食でなければ大丈夫というレベルから、成分に記載がなくても同じ製造ラインで一度でもアレルギー物質が使われていれば反応が起きるというレベルまで実に多様です。

給食は提供する人数分が多くても単一メニューを提供するため、準備は効率よく運用ができるのですが、アレルギー対応のために、個別のメニューを用意する必要が出てくることも多くなっています。つまりアレルギー対応が必要な人数が増えれば、それだけ調理員の数も充実させなければいけません。園児の定員１００人に対して２人の調理員では対応が困難になることは明らかです。

東京都の２０２０年の調査によると、３歳までに食物アレルギーがあると医師に診断された子どもは約15％にのぼるといわれ、定員１００人の園であれば15人は食物アレルギーがあるという計算になります。それにもかかわらず、アレルギーに対する職員配置への意識が非常に低いのが現状です。その結果、アレルギーの症状により、保護者の協力が必要になる場合が生じます。

保育業界を自由競争にしてよいのか

保育園選びについて「希望する園に入れたい」という声を耳にすることがあります。利用者側としては、自分が希望する園に子どもを入れたいと考えるのは当然です。しかし、個人の希望に対応できるようになるということは、人気のある園や保護者の支持を集めている運営法人に税金の投与が集中するということを意味します。

現時点では０歳児の子どもが１人保育園に入園すると毎月20万円以上の税金が保育園に給付されます。その子が何日利用したか、どのくらいの時間数を利用したかにかかわらず「在籍している」ということで、保育園はそれだけのお金を受け取っています。園児が入園してこなければその給付がなくなり、運営が厳しくなります。

保育園は私たちのような社会福祉法人をはじめ、ＮＰＯ法人や株式会社などのさまざまな主体が運営しています。各法人が地域の状況等に合わせて、創意工夫を重ねています。

努力し頑張った施設が収入という形で報われるというのも一つの選択で、市場競争では当たり前の話です。保育サービスの市場化ということも、一定レベルまでは大切なことだと思います。ただ、市場競争で負けてしまう施設が出て、その地域から保育がなくなってしまう、または保育サービス提供量や保育の質が低下することは果たして本当によいのかを、よく考えなければなりません。

セーフティネットである保育園は、どの地域でも同様に質の高いサービスを提供するべきです。そのためには負け組をつくらないなんらかの仕組みが必要です。「保育園への入園をすべて保護者の希望に合わせる」ことを一定レベルで制約することは、その一つです。

本来、セーフティネットというのは社会から転落する可能性のある状況をよりよい状態へなるように支援するための機能です。「この園がいい」という個人の希望に対応するのは、利用者のニーズを重視した良い内容にも聞こえますが、その行きつく先は、保育園が勝ち組と負け組に分かれ、保育の地域格差が深刻になった未来です。

そうなることは市場を見れば一目瞭然です。巨大ショッピングモールが勝ち続け、地域を支えてきた多くの商店街はシャッター通りとなっています。そのために、車で移動することが困難な家庭は「買い物難民」と呼ばれています。車で移動できる家庭にとっては何も問題とはならない事項でも、それ以外の家庭にとっては大きな問題です。

セーフティネットである保育園に勝ち組と負け組ができてしまうことに、私は違和感を覚えます。保育園については巨大ショッピングモールの一人勝ちのような状態になるより、各地域において質の高い個人商店が地域密着で支持され続ける形のほうが適切だと私は考えます。

次の文は、ある国の就学前教育についての記述である。どこの国のものか、正しいものを一つ選びなさい。

就学前教育は、３～４歳児を中心に幼稚園やプレイセンター、また、０～４歳児を対象とする多様な就学前教育機関において提供されている。また、マオリの言語・文化を教える機関「コハンガ・レオ」も設置されている。子どもの「今、ここにある生活」を重視し、実践者、研究者、マオリの人々の意見を集めて作られたカリキュラム「テ・ファリキ」により幼児教育が展開されている。

１ イタリア　２ アルゼンチン　３ フィンランド
４ ニュージーランド　５ シンガポール

出典：一般社団法人全国保育士養成協議会
令和３年筆記試験（後期）問題

保育士試験は一般常識で５割解ける？

保育園での仕事を始めてから、私は保育士試験を受けて保育士の資格を取得しましたが、そのときに受けた試験問題を見て、果たしてこれでよいのだろうかと疑問に思わずにはいられませんでした。

例えば、２０２１年後期の試験問題です。

日本で開催されたラグビーワールドカップで3位になったニュージーランド代表が、マオリ族の衣装やパフォーマンスを披露してテレビで話題になった直後の試験でした。教育原理の分野の出題で、ある国の幼児教育の内容を説明した文章があり、それについてどこの国の説明か、５つの選択肢から選ぶ問題で、この問題では問題文のなかに「マオリ」という単語が使われているために、マオリがニュージーランドの部族の名称であることを知っていれば、ニュージーランドの幼児教育の内容やコハンガ・レオ、テ・ファリキ等について何も知らなくても解ける問題になっていました。これでは専門的な知識は必要なく、一般常識の範疇《はんちゅう》で推論して正解を導き出すことができてしまいます。

２０２１年後期の試験問題を取り上げましたが、これが特殊というわけではありません。同様の出題はほかにも複数見られます。

このような試験内容を見ていると、国は保育の仕事を軽く考えているのではないかという気さえしてきます。保育士になるには養成校に通うか、保育士資格試験を受けるかの２つの道があるのですが、保育士試験を受けて保育士になる人は年に2回行われる試験で、３年以内に9科目の合格証をそろえれば資格が取得できます。どの教科も、一部を除きすべてマークシートで20問、各科目６割以上できれば合格です。しかも、実技試験はありますが、現場での保育実習は課されません。現場での経験がいっさいない状態で、保育園の「先生」として働き始めることになります。

この保育士試験は、一般常識レベルで5割解ける場合も珍しくありません。資格試験のなかでは比較的、容易な部類に入ると思います。

一方、保育園と幼稚園は行政の管轄が違うため、まったく違う仕組みで運用されてきました。幼稚園教諭になるには、一般的には専門の養成学校を卒業しなければなりません。かつては更新制度もあり、一度免許をとったら終わりというわけではなく、勉強し続ける必要がありました。また幼稚園教諭免許は修学段階（大学、短大、専門学校、大学院）に応じて一種、二種、専修の区別があります。

それに対して、保育士は一度取得すれば永年の資格です。保育士に一種、二種等の区別はありません。更新制度がないため、自分から学ぼうとしない限り知識をブラッシュアップする機会がないままに有資格者として継続できます。

職業を聞かれたときに保育士だと答えると「毎日子どもと楽しく遊んでいるだけでお金をもらえていいね」と言われることもあるようです。実業務での現場に比べ、世の中では保育士が低く評価されている場面があるのかもしれません。

国の制度としても、世の中の一般的な意識としても、保育の質、保育の価値に対して、必ずしも高く評価していないのではないかと心配になります。社会の宝である乳幼児を守り育てる保育士は極めて重責であり、高い質が求められるはずです。それであれば、資格の定期的な更新制度や、研修等の自己研鑽の義務化は重要であり、基準に満たない質の保育士は資格停止等の対処も必要なのではないかと私は思います。

進む公立保育園の民間移管

公立保育園の民間移管の流れが続いています。私の運営する法人も２０２１年度に公立保育園の移管先法人として選定され、２０２２年度に引き継ぎ保育を行い、２０２３年度から、移管法人として保育園運営を開始しました。

民間移管が進んでいる理由は２つあります。

１つ目の理由としては、少子高齢化が急速に進んでいるために社会を支える世代が減少し、行政が保育サービスを支えきれなくなってきていることが挙げられます。これは保育業界に限った話ではありません。さまざまな業界で、民間ができることは民間に任せるという流れが加速しています。

人口減少社会においてコンパクトな行政にしようという方向は、私たち国民が選択した道です。そのなかで、行政は人員削減が求められています。公務員を削減するために、各自治体がさまざまな工夫や取り組みを行っていますが、住民台帳等、個人情報に関わる業務を削減したり、アウトソーシングに頼ったりすることは困難を伴います。また、もともとそういった業務に関わる人員が少なく、業務を変更しても人員削減効果は限定的です。

そのなかで、公立保育園を民営化すると、その施設内の保育士である公務員を一挙に削減できる計算になります。こういったことも背景に含まれます。

また、公立保育園を民間移管するのは、公立保育園には目に見えないコストがかかっているからです。公立保育園には運営を管理する公務員がいます。その分の人件費がコストとして生じます。また、業務改善のために同じシステムを導入するとしても、行政は決裁が下りるまでに民間の何倍もの時間と費用がかかります。改善にかかるコストやスピードを考えると、民間に移管するほうが効率よく運営できるということになります。

保育園の在籍児数に対し補助金が保育園に支給され、その園児単価には保育士だけでなく、保育園の運営に必要な各種経費、調理事務等の人件費も含まれます。そのなかには、当然、施設長である園長の人件費も含まれます。しかし、民間保育園の管理主体である法人に対してはいっさい、補助金が支給されません。法人理事長の人件費は補助金内には含まれていないのです。保育としての配置基準がないのです。そのため、複数施設から余剰を集めて法人本部を運営する必要があります。

その一方で、公立保育園の場合は、自治体行政のトップから保育園を管轄する部署まで、非常に優秀な人員が数多く配置されており、その人件費も高額になります。「公立保育園を民間保育園に移管すると、運営費が安くなる」と言われる一端です。

2つ目は園舎の老朽化に伴う建て替えの費用を捻出するにあたって、民間が運営していれば国からの補助が出るという事情があります。公立の保育園と私立の保育園を見比べると明らかなのですが、今、多くの公立保育園は建物の老朽化が深刻な状態にあります。

今回、私たちの法人が移管選定を受けた園も例外ではなく、建物の老朽化がかなり進んでいました。老朽化しているのは園舎だけではなく、園内の設備も私たちの園よりもかなり古いものをなんとか使っているという状況でした。例えば、暖房器具は天井から吊り下げたガスストーブで、私が幼少期だった昭和50年代に見たことがあるような気がする器具です。職員用の一部屋では、丸型蛍光管で電気のオンオフは吊り下げの紐を引っ張っています。幼い頃を懐かしく思い出す光景です。

私たちの法人の拠点となる認定こども園で使っていたエアコンは設置から10年程度経過し、業者から必要性を指摘されて入れ替えをしました。一方、移管を受けた公立の園を見にいってみると、その園で最も新しいエアコンは、私たちの園で最も長く使用している最古のエアコンよりもさらに古いものでした。酷暑のなかで何度もエアコン動作が止まったとのことです。

暑い夏にエアコンが入らなければ、保育をするうえで子どもたちの熱中症のリスクも上がります。すぐに行政の担当者へ「エアコンが動かないから入れ替えないといけない」という旨を伝えると、担当者が状況を確認にきました。ただ、エアコンから少しだけ冷風が出ていたので、「まだ壊れていません」と判断され、交換は先送りになりました。保育室が涼しくなるかどうかは問題にされませんでした。

行政の担当者も本音をいえば最新のものに入れ替えたほうがよいことは分かっていますし、そうしたいと考えています。しかし、行政の懐具合が厳しいので、そう簡単に対応することは難しいという状況におかれているのです。

エアコン一つでさえそれだけシビアなのですから、園舎の建て替えとなると一大事です。一方、民間保育園であれば園舎の建て替えには国から補助金が出ます。自治体の負担は大幅に軽減されるのです。各自治体で、公立保育園を継続したくても非常に困難な状況にあるのが実態です。

後日談ですが、私たちが民間移管を受けた園は、保護者からの強い要望、行政担当者の熱意ある行動のなかで、複数台のエアコンについて入れ替えの費用を確保し、移管される直前に新型エアコンへ入れ替えてもらえました。

民間より公立の保育園のほうが安心!?

公立の園が民間に移管されると、保護者が懸念するのは「保育の質が低下するのではないか」ということです。時には民間は金儲けを第一に考えているのではないかと思われることもあります。

公立保育園の保育はよく金太郎飴に例えられます。公立は一定の標準化ができているので、どこの園でも均質な保育が受けられるということです。どこの園でも一定の保育が受けられるというのは保護者にとって安心材料となります。しかし、裏を返せば民間のように、時代変化に合わせた柔軟な保育が難しい、といえるのかもしれません。一方、民間保育園は、標準化された公立よりも今の時代に合った保育を展開しやすいということにもなります。逆に、そういった柔軟性が発揮できなければ、民間保育園としてのメリットを十分に発揮できていないということにつながります。

保育園は、お金儲けにふさわしくない、非常にお金を貯めることが難しい制度であり、それに加えて、お金儲けのできない仕組みがあります。

民間保育園の運営主体には、さまざまな法人格が参入しています。主たる法人は、非営利法人である社会福祉法人です。社会福祉法人では蓄えてよい資金が制度で定められています。法人として自立して事業を継続するために必要な費用を社会福祉充実残額といい、この金額を超える費用を保有している法人は、余剰金額を5年以内に公益的事業へ使うこと、およびその計画と実績報告が義務づけられています。決算書類は公表義務があり、行政監査でも毎年確認されます。

社会福祉法人は本来、この充実残額を出して、それを地域への公益的事業を行うことが求められています。つまり、補助金のもらえるサービスだけを行っていればいいのではなく、業務を効率化させることで補助金の余剰を生み出し、それを地域の公益的事業、例えば、入園していない子育て家庭への支援サービス等を、地域のニーズに合わせて提供する必要があります。ただ、実際には充実残額がプラスになっている法人は全体の1割未満です（厚生労働省「令和4年度における社会福祉充実計画の状況について」）。金儲けには、程遠い状況です。

一般的な傾向として、法人の規模の拡大を目指す組織は保育の質だけでなく業務効率化、コンプライアンスの向上への熱意が高い法人が多いです。ドラッカー氏が「企業の目的は『顧客創造』である」と指摘していますが、これは世の中に対する自組織の有益性拡大と言い換えることもできます。それに対して、一法人一施設で、組織の内側にしか視点が向いていない組織は現状維持が精一杯です。顧客創造、有益性拡大の視点に欠けてしまいます。また、その状態に危機感を覚えるどころか、有益性の検討を組織内部に集中せざるを得なくなります。そうすると、多くの法人は何を行うにしても行政等からの補助金や助成金がなければ活動できない体制になってしまい、これでは自立して事業継続することは難しくなるのです。園長会議で「子どもは大根じゃない」という発言が飛び出したことに象徴されるように、社会福祉法人は福祉事業の意義や活動にばかり集中し過ぎて経営の概念が弱いともいえるのではないかと思います。厚生労働省の求めるとおり、社会福祉法人は今後、多角化・多機能化が重要となります。

第三者評価をどう考えるか

保育園の民間移管が進むなかで、私の法人は２０２１年度に移管先法人として選定され、２０２３年度から移管を受けることになりました。その際の公募要件に、私は疑問を感じました。

説明会の資料にあった公募要件の一つに、「移管保育所における保育内容の向上」として次のような記述がありました。

事項	内容
苦情解決の仕組み	苦情解決の仕組みを設けること
福祉サービス第三者評価	移管後3年以内に福祉サービス第三者評価を受審し、結果を市長へ報告するとともに、公表すること。また、その後も定期的な受審に努めること

この二つの事項のうち「苦情解決の仕組み」には特に違和感はありません。現在の公立保育園でも、苦情解決の仕組みは実施されています。

ここで問題となるのは「福祉サービス第三者評価」です。私は第三者評価を受けることに疑問を感じているのではありません。保育園が第三者から客観的な評価を受けることは重要なことだと考えています。ただ、第三者による評価結果を提示されて、その結果を誰がどのように「理解、把握」できるのかという点が疑問なのです。

第三者評価では評価機関があらかじめ定められた項目、および評価基準に従って評価を実施します。定められた各項目について、A・B・Cの三段階で評価をしていくのです。

そもそも、なぜ第三者評価を受けるのかといえば保育内容の向上のためです。当事者でない、第三者の視点から評価することで、自らの保育を振り返るためです。特に公立保育園の民間移管後、最初の３年以内に受ける第三者評価は、公立で続けられてきた高い保育内容が民間に移管してからも継続されているのかを判断するために非常に重要な機会になるはずです。

ところが、名古屋市内の公立保育園で第三者評価を受けたことのある園は一つもありません。私たちの法人が移管を受ける公立保育園も第三者評価を受けていませんでした。私たちが第三者評価を受審してその結果を公表した場合、過去に評価結果のない保育事業、比較対象がない状況下で、誰が何をどのように理解できるのか疑問を覚えます。

加えて、第三者評価の受審には、正職保育士１人１カ月分ほどの費用がかかります。その受審に対応するための人的コストを加えると倍額以上の負担です。その点に対する行政からの補助金はわずかしかありません。つまり、保育に必要かつ重要なリソースを割いて第三者評価を受審することになります。これが、在園家庭の保護者や地域住民に対して有用な評価として機能するのか、正職保育士１人１カ月分のコストに見合うだけの価値が見いだせるのか、個人的には非常に疑問を感じています。

実際に、保育業界に限らず、社会福祉業界全体における第三者評価については、非常に価値の低いものととらえられているという報道がありました。２０２１年12月28日の中日新聞によると、２０２０年度に第三者評価を受けた保育園は全国社会福祉協議会の集計で１５７０カ所だったということです。これは全体の６・６％に過ぎません。第三者評価を受けている保育園は東京都などの費用の補助が充実している自治体に集中しており、47都道府県のうち12県ではゼロだったという結果になっています。

この背景には第三者評価を受けるために一定のコストがかかるという事情があります。ここでいうコストとは、評価機関に支払う金額はもちろん、職員や保護者の方にお願いするアンケート等の手間も含みます。費用や時間を含む第三者評価のコストは、保育園に支払われた補助金から捻り出さなければなりません。名古屋市の場合、第三者評価受審に対する費用補助は3年に一度だけです。それも費用の全額の補助が出るわけではなく、費用の一部が支給されるのみです。

それなりの費用も手間もかけて行うのですから、本来は評価結果を価値あるものとして重く受け止め、保育園の質の向上に活用しなければなりません。しかし、民間保育所を集めた保育所長等研修会および行政による施設監査のなかでも、第三者評価の受審を強く勧める姿勢は感じられません。

そんな状況で、公立保育園の移管を受けた法人は貴重な保育のリソースを削り第三者評価を受けたとして、誰にどのようなメリットがあるのか私は疑問に感じます。

第三者評価自体が悪いといっているのではありません。公立保育園をはじめとした数多くの保育園が第三者評価を受けない状況を変えなければ、保護者は比較検討ができないのではないかということです。定期的に同質の評価を受審することで変化を把握することが必要です。

少なくとも、公立保育園の民間移管後に3年以内の受審を要件とするのなら、移管前に第三者評価を受けておくべきです。その評価結果がなければ、民間移管後に保育に変化があったのかどうか、移管を受けた民間法人の保育の質を評価することが困難だからです。

また、ここでは公立保育園での第三者評価受審ばかり指摘しましたが、民間保育園の第三者評価受審比率も高め、加えて、定期的に受審し続けることも重要です。その結果を真摯に受け止め、施設運営の向上へ反映させ、地域住民やその他、ステークホルダーへ情報開示することがさらに重要となります。

行政から求められる保育園の多機能化

待機児童問題の解決に向けて国は保育園を増やしてきましたが、すでに定員割れを起こして存続が難しくなってきた保育園が出始めています。そんななか、厚生労働省は人口減少時代に向けた保育所のあり方を議論し政府への提言書をまとめました。その内容は、保育園に通っていない子どもの預かり事業などをはじめとする保育園の「多角化・多機能化」によって、保育園の持続可能性を高める方策を検討するというものです。いわゆる0号認定こどもへの子育て支援もその一つです。

具体的には、定員に余裕のある保育園でその園に通っていない3歳未満の子どもを週1～2回程度預かる一時保育事業や、子ども食堂を併設するなどといった例が挙げられています。子どもの貧困格差も問題視されるなか、負の連鎖を断ち切るために、低額または無料での中学生や高校生の学習支援なども含まれます。これらによって、地域で孤立しがちな子育て家庭への支援を担おうというのです。

人口減少によって子どもや働き手の数が減るなかで、地域社会に欠かせない社会インフラとして、保育園をどのように維持していくかが大きな課題となります。これまでの待機児童解消のための政策から、人口減少への対応を保育政策の柱に据える方向転換が行われ始めています。

保育園のなかには、一時保育や子ども食堂のほか、発達に不安を抱える未就学児を受け入れる児童発達支援事業所を併設して多機能化を進めている園もあります。私の経営する保育園でも一時保育事業、地域子育て支援事業、児童発達支援事業・放課後等デイサービス等も行っています。

いち早く動こうとする園がある一方で、変化に弱い園では対応が遅れがちです。保育が制度に守られてきた弊害はこんなところにも現れています。伝統ある各保育園、子育てスキルや各種ノウハウの蓄積された保育園がいつまでも地域での子育て支援の核となり続けることを願ってやみません。

第3章

害虫駆除から園の備品補充まで
園長の仕事!?

外部コンサルタントと一緒に業務改革に着手

何でもアリ⁉　園長の仕事とは

保育園の長は正式にいうと「保育所所長」となりますが、この本では一般的に使われる「園長」という呼称を使います。

私は１９９９年に副園長として着任し、２００４年に父から園長を引き継ぎました。保育園園長という役職は誰にとっても聞きなじみがあるものだと思いますが、実際の仕事の中身はとても見えにくいところにあります。単に「保育士と同様の仕事」「保育士の拡大版」に想像されるのも無理からぬことで、私は以前、同窓会で友人から「いいよなぁ、保育園園長って。若い女性に囲まれて、子どもと遊んでいるだけでしょ？」と、うらやましがられたことがありますがひどい誤解です。

一般企業の部署に例えると、実際は園長が次に挙げるすべての機能を担うことになります。

・代表取締役、社長

・経理、財務、会計
・人事、採用、育成
・労務
・内外広報業務
・総務
・警備、情報管理
・救護、看護対応
・現場職員相談窓口
・企画開発、立案
・保守（建物、備品等の保守）、更新整備
・営業、園児募集
・行政担当者との連携、行政書類対応、法的対応（リーガルチェック）
・外部機関との連携、あいさつ回り
・顧客対応、接客（日常保育を除き、入退園問合せ案内や各種手続き、相談事項等）

救護・看護については園によって看護師に任せている場合もありますが、なかには看護師が配置できていない保育施設もあります。看護師が配置されている場合でも、看護師の上司は園長となるため、救急車の連絡対応が園長の仕事となる場合もよくあります。

保育園で救急車を呼ぶのは、主に園児が熱性けいれん等を起こしたときなどです。また、肘の脱臼など、接骨院等へつなぐ一時的対応を行うこともあります。

園長は現場で働く職員の相談窓口としての機能も果たします。保育園という組織は、園長がいて、その下に保育士が並列の立場でいるという文鎮型の組織が多く見られます。保育園を家族に例えるなら、園長は保育士たちの父親・母親的な位置づけとなり、家庭的な組織が良しとされるのが一般的です。そのため、困ったことがあると園長に声が掛かります。組織化されていないという言い方になるかもしれません。当法人の主となる保育施設は定員３００人を超える大きな園なので、園長の配下に60人を超える職員が直下に配属されているような状態でした。一般企業で直下の部下が60人を超えるというのは、あまり想像できないことです。

そのため、園長はいつでも真っ先に頼られます。私の経営する保育園の近くには笠寺観音というとても有名なお寺があり、ここの池には亀がいるのですが、あるとき、大雨で池が溢れて亀が逃げ出し、保育園の園庭にたどり着いたことがありました。そんなときには園長が呼ばれます。園庭に亀が現れたときの対応は園長の仕事なのです。地域の有志で亀を管理し、観音様の池再生プロジェクトを行っている団体と連絡を取り、その指示に従って亀を捕獲し、池に返しに行くことになります。園庭で蛇が出ても、蜂の巣が見つかっても、見えにくい階段の下の片隅で野良猫が子猫を出産しても、呼ばれるのは園長です。家電や園内設備にトラブルがあってもすぐに声が掛かります。日本語を母語としない外国からの来客の対応にも園長が呼ばれます。園長業務は多岐にわたりますが、こういったことはどこの園でも似たような状況だと聞きます。

さまざまなエピソードを紹介しましたが、しかし、園長の本来業務は保育園（保育施設等）の最高責任者として施設を統括して運営し、将来設計をすることです。

保育園は社会福祉事業を行う児童福祉施設のため、国や地方公共団体からの補助金を基に運営されています。寄付金を受けることもできますが、実際には多くありません。保育園を運営する主体は社会福祉法人や株式会社、ＮＰＯ法人などのさまざまな法人格がありますが、もし適切な運営が行われずに施設が破産や倒産してしまったら利用者である子どもや保護者に大きな迷惑がかかります。そうならないように、資金支出の透明性や財産基盤の強化が求められます。

保育園が倒産や重大な法令違反をすることがないように行われるのが行政による指導監査です。行政による指導監査は「法令等に定められた最低限の基準」であり、すべて遵守されていることが大前提です。時にわずらわしく感じられることもあり、手間のかかることではありますが、最低限の基準を遵守し、正しく施設を運営することこそが園長の仕事です。監査を行っている行政側が責任を取ってくれるものではありません。

では、指導監査では、どのような項目が確認されるのかを名古屋市の例として見てみます。

例えば、幼保連携型認定こども園を見てみると、質問項目は500項目ほどにも及びます。そのほかに、別紙等も提出を求められます。

質問項目を大雑把に分類すると、保育に関する項目が6割、書類整備に関する項目が4割です。書類整備というのは、社会保険関係、労働基準法関係、経理業務、防災対策、公益通報等の各種法令対応のことです。

保育に関する事項については全体の6割程度なのですが、その中身も書類整備関係が7割を占めます。例えば、重要事項説明書、利用契約書、健康診断、給食衛生環境管理等の書類の整備です。

一見、園長は保育の現場でトラブルが起きたときの何でも屋なのですが、園を運営するうえでの書類の整備も重要な仕事です。

行政による指導監査で「法令等に定められた最低限の基準が守られていない」とされれば、法令等の違反ということになります。現場でどれだけ質の高い保育を行っていたとしても、法令違反を行っている施設は社会からの批判にさらされてしまいます。

近年のコンプライアンス向上により、現場での書類業務は増加の一途です。その点は保育業界でも同じで、園長の負担は増えるばかりです。

一方、園長は永続的に業務を続けられるスーパーマンではありません。生身の人間である以上、いつ何が起きるか分かりません。園長の健康状態等により、園の経営、保育のあり方が影響を受けていいはずがありません。そのためにも、園長は業務分掌を作成し、自らの業務をほかの職員へ配分しながら、園長後継者の育成についても重責を負います。

園児の数が何人でも園長は１人

保育士は園児の数に応じて増やしていきますが、定員が何人になろうとも園長は１人で、増員されることはありません。保育園の収益モデルは、在園児数に対する行政からの補助金です。そこには保育士人件費だけでなく、園長の人件費も含まれます。つまり、定員の多い園ほど、園児１人あたりにかかる園長等の人件費コストは低下し、逆に定員の少ない園では、園児１人あたりにかかる園長等の人件費コストが高くなります。法人運営上、保育園の定員を多くすればするほど、園児１人あたりの補助金単価は安くなり、逆に、定員が少なくなるほど、園児１人あたりの補助金単価は高くなります。

収入が上がれば、その分、支出も多くなるというのが保育園の仕組みなので、どちらも同じという言い方もできますが、そのなかでも、やはり数が多くなるメリットはさまざま生まれてくるので、定員規模を拡大したり、多くの数を維持することには重要な意味があります。

社会的リソースである税金の投資効果としても、１００人の園児につき１人の園長コストをかけるより、３００人の園児で1人の園長コストをかけたほうが効率的といえます。

私が園長として引き継いだ保育園は定員が３００人を超える大規模な保育園です。運営する側としては、園児の定員が増えることで業務が増える以上、補助金も増やしてもらいたいところです。「１００人定員の園より、３００人定員の園は3倍の業務をこなしているので、補助金も倍増してください」と、冗談交じりに行政担当者へ相談したところ、一笑に付されたことがありました。

ただでさえ園長の業務は多岐にわたっていて膨大です。そこへ、職員から溢れてきた仕事まで引き受けていては破綻してしまいます。ましてや、今後の時代変化に対応するためには、保育園だけでなく、社会福祉法人運営の向上が重要となります。保育現場がいくら質の高い保育を行っていても、保育園運営に違反等があると、世の中から低く評価されてしまうのと同様、保育園経営がいくら質高く行われていたとしても、法人格をもって園を運営している法人本部自体に法令違反等があっては、法人内の施設すべてがダメになってしまうからです。

私の実経験からそのようなことがいえるのは、私自身、管理業務をワンオペで私一人に集中させてしまい、経営管理業務の質が、現場の業務品質に比べ非常に低くなっていたからだと思います。換言すると、私の業務品質に比べ、現場での保育士等の業務品質は非常に高かったと自負しています。

このままでは、保育園、および、法人の経営管理業務が破綻し、職員や園児、在園家庭にも迷惑をかけることになってしまいます。そこで、私はコンサルタントに助言を仰ぎながら、業務をどんどん分業することを目指しました。業務分掌の定義、および、見直しです。それまで、人に業務がついていた部分を、業務に人がつくように変革を進めました。

まず園長を別の人に引き継ぎ、一定範囲の園業務を任せ、私は法人理事としての仕事に取りかかることからスタートし、総務・財務・人事・情シス等を法人本部のほうで引き受け、各施設に共通する園長の業務の負担が軽減される体制をつくりました。現場でしかできない仕事と法人本部でもできる仕事を振り分けました。そのなかで、本来の園長業務の一部について、ＩＣＴ等による業務改善を進めました。

今、振り返って思うのですが、園長が理事長も兼ねているような保育園は相当無理をしている可能性があります。法人運営をきちんとやろうと思ったら、園長と理事長を兼任するのはかなり難しいことです。会社に例えるならば、株式会社の代表取締役が支店長も兼ねて、ひょっとすると部長、課長まで兼ねて管内を統括するようなものです。園長と理事長を兼ねていると、現場のほうがリアルな反応があるうえに現場に顔を出していたほうが保護者、職員、園児からの印象が良くなります。一方、園長の本来業務である中長期計画、ＰＭＶＶ（理念であるパーパス、ミッション、ビジョン、バリュー）策定、園経営等のバックヤードに集中すると、その業務成果が見えにくいばかりでなく、事務所にこもりがちで現場に興味を示さないなどといったマイナスの印象を周りに与えてしまいます。園長も人間ですので、周囲からの評価を得ようとしてどうしても現場のほうに偏ってしまい、法人運営や保育園経営が疎かになりがちです。業務を管理して部下をマネジメントしていくというのはどうしても嫌われ役になります。人間は嫌われるよりは好かれたいというのが当然の心情なので対応が甘くなってしまえば、将来的な事業としての存続が危機に陥ってしまいます。

たとえ職員から嫌われたとしても、職員の仕事と生活を守るために、そして永続的に地域の保育サービスを堅持するために、法人の代表として、施設の代表として、それぞれの責任業務をきちんと進めていかなければなりません。

法人の代表として果たさなければならないことは、法人の多角化・多機能化を進め、「顧客創造」に努め、社会に対する法人の有益性を拡大することです。法人として施設を増やすことが重要です。法人として施設の数を増やしていくうえでは、園長、施設長を増やしていくことになります。

これまで、当法人では現場の保育士にとって園長に就任することは最悪の罰ゲームでした。当法人は社会福祉法人格ですが、親族経営であるため、ある意味では個人経営のような性格が強いものでした。親族経営を脱し、園長就任を現場職員が希望するような体制にしていくためには、業務分掌を明確にし、各役職での権限を明示し、その役職へのキャリアパスを確立して、役職や権限やそれに基づく業務成果による人事評価が必要です。職員の不公平感をなくすためにも、スキルアップや昇格を希望しない職員には、それに応じた評価制度の結果が必要です。現状ですべてを実現できているわけではありませんが、これを目指し努めています。

一般の企業であれば当たり前の事項が、今後、保育業界でも非常に重要になります。

公立と私立の園長の違い

公立でも私立でも、園長の業務内容については大きな違いはありません。園長は保育園の運営を担うほか、日々発生する雑務に対応していきます。

一つ大きく違うのは、公立の園長は経営の責任がないということです。責任＝権限と考えると、権限が与えられていないという言い方にもなります。公立の園長は、独自に収入を増やす手段を選択する権限がありません。支出についても厳しく制約されますが、公務員であることを考えれば当然の話です。そのため、公立の園は倒産する「自由」がありません。それに対し、私立の保育園は倒産する「自由」があります。適切に表現すると、私立は倒産しないように継続し続けることが園長の責任ということになります。

公立園での費用負担はすべて税金でまかなわれています。例えば、地域の園長先生同士が集まって、保育園長会のような一定の共同作業組織を形成した場合、民間の場合は施設から会費を払いますが、法人格のない団体に対して税金を支出する方法がないため、公立保育園では、組織から会費を払うことができません。

そのため、公立園の園長先生は個人のポケットマネーから、園としての会費を支払います。

園の細かい支出についても同様です。税金からの支出根拠が成立できない部分については、園から支出できないのです。そのため、公立保育園父母の会等の団体を設置し、そちらに依頼せざるを得ないという事情があります。

民間園に給付される費用ももともとは税金ですが、業務効率化により保育にかかるコストを削減して生み出された資金については、一定レベル法人内での活用に自由度が与えられます。そのため、法人格がない地域諸団体への会費も支払うことができますし、施設内のシステムを法人や施設の判断で導入が可能です。

また、随分前の話ですが、私たちの地域では公立と民間の園が一緒になって、共有行事として潮干狩りに出かけていました。

民間園では保育士も園長先生も、参加された親子と一緒になって貝を探しました。採れた貝を近くの園児に渡している先生もあれば、まるで採貝漁業者であるかのような、胸まである漁師用カッパズボンを着込み、大量に採っている園長先生もいて、各園の個性が垣間見える非常に楽しい行事でした。二枚貝の不漁により中止になって久しいですが、私たちの地域では、公私が連携した一つの象徴的な行事だったといえます。

そのなかで公立保育園の先生方は、現地に到着しても貝採りで海に入ることはできませんでした。一緒に楽しみましょうと誘うのですが、保育業務として認められていないとのことでした。そのため、時間単位での有給休暇を申請し、それが認められたうえでなければ貝を採ることができなかったのです。民間保育園の人間としては違和感があり、公立と私立の園長の違いを実感しました。

私立の保育園には倒産のリスクがある代わりに、自由があります。対して、公立は自治体に守られているために小回りが利かないという面があります。それぞれの良さを踏まえながらお互いに、子どもたちや保護者、地域にとって良いサービスが提供できるようになる必要があります。

保育園は世間から信用されていない？

保育園の適切な運営が行われるよう、保育施設は1年に1回以上の行政による施設監査を受けることが義務づけられています（児童福祉法〈昭和22年法律第

１６４号〉第46条、児童福祉法施行令〈昭和23年政令第74号〉第38条〉。ただ、コロナ禍の影響によって書面での監査で終了している場合も多くあります。今後、どのように変わるかはまだ分かりませんが、私たちの施設も令和２年度からは書面での行政監査が多くなりました。

保育施設の施設監査が書面で行われることについて、保育の質が確保されるのか、と心配の声が上がっているという報道も出ていました。

こういったニュースを目にすると、保育園は世の中から信頼されていないと思わずにはいられません。もし保育園が世の中から信頼されていれば、行政監査が書面で終了しても保育の質はきちんと確保されているから問題ないだろうという反応になってもおかしくないはずです。むしろ、行政が現地移動を伴う施設監査のような、そんなことばかりにコストをかけるから、財政の負担が重くなるのではないかという批判が出るかもしれません。

保育園が信頼を得られない要因の一つとしては、不適切保育の報道が続いていることが考えられます。バスへの置き去りによる幼児の死亡事故や、保育士による虐待など、ここ数年で非常に悲しい事件が複数件報じられました。

その原因として指摘される現場の人手不足には深刻なものがあり、そもそも配置基準自体が十分な保育を行うためには不十分なのです。園は人を増やしたいと思っても、そのための給与が自治体から出なければ実現は困難です。

給与が自治体から出されないのであれば、保育園が負担して給与を出せばよいのではないかと考えられるかもしれませんが、保育園は営利事業ではありません。保育園は、園児の在籍に基づき補助金が支給され、基本的に、それ以外の収入を得ることは非常に困難です。基本的に、というのは、補助金にはさまざまな種類があるため、行政等からの情報へ感度を高く保ち、各種補助金への書類を提出し続ける必要があるということです。それでも、十分な職員配置に対する収入を確保することは困難です。

とはいえ、できない理由を探していても仕方ありません。保育園が信頼を得るためには、できることから一つずつ進めていくしかありません。

その一つは、保育を取り巻く環境等について、正しく情報発信を続けることではないかと考えます。

ヒヤリ・ハットは全国で起きている

メディアで報道されるような保育園での大きな事故は、複数のミスが重なった結果起きたものが大半です。ただ、原因となったミスを一つひとつ単体で見てみると、実はあちこちの保育施設等でも日常的に起こっているようなミスだともいえます。

ハインリッヒの法則では、「１つの重大事故の背後には29の軽微な事故があり、その背景には３００の異常（ヒヤリ・ハット）が存在する」と、労働災害における経験則の一つを示していますが、保育現場でも例外ではありません。身体的発達が十分でない乳幼児の生活環境としては、より細かいヒヤリ・ハットを勘案すると、もっと数多くの事例があろうかと思います。ただ、そのほとんどは大ごとになる前に誰かが気づいたり対応したりして、事故になる前に解決されるため、逐次報道されていません。

例えば、食物アレルギーに関するミスは本来、起きてはいけないことですが、日本全国で日常的に起こり得る内容です。しかし、その多くは起きたとしても、「口内がかゆくなった」などというレベルで終わるので、事件や事故として報じられません。一般的に、保育士がワンオペになってしまっているようなところよりは、きちんと業務分掌ができているところのほうが事故も少なくなるはずです。その点でも、一法人一施設ではなく、多角化・多機能化で法人運営を強化し、コンプライアンスの向上、各種法人内制度を強化することが重要になります。

当法人も運営する施設が６施設となり、法人内職員も１００人を超えるほどになりました。この人数をマネジメントしていくためには、気持ちや感情でのマネジメントではなく、機能でのマネジメントに切り替えていかなければなりません。人により認識に差異が生じる、「優しさ」「気持ちに寄り添う」という点ではなく、何をやればよくて何をやったらダメなのかということを明確にする必要があります。声の大きな職員の独断的な価値観を押し付けたり、「言わなくても分かるでしょ？」という不文律で評価が行われていると、職員は目指すべき方向性が分からなくなります。何が求められていて、いつまでにどのような状態にしたらよいのかを明確にする、そして、その達成度で業務を評価するべきです。「子どもたちに優しい保育」「子どもの気持ちに寄り添った保育」を目指すのであれば、その認識が人により差異がないような仕組みが必要です。多様な価値観のある世の中で、今後、目指すべき方向を明確にすることは、さらに重要となります。公立保育園ではこの機能によるマネジメントが行われてきたのではないかと考えています。

というのも、公立は自治体内に複数園あって、役所も含めて数多くの組織で人を次々と入れ替えていきます。定期的な異動は非常に大きな機能であると考えます。自分の行ってきた業務を後任に引き継ぐという訓練を仕組みとしてやらざるを得ない状況におかれるのです。そして、その業務を評価し、昇進等に反映させています。感情でつながるのではなく機能でつながらざるを得ないのが公立保育園の組織の良さだともいえます。

私立の場合、一法人一施設の形態であれば異動はありません。卒園児が保育士となって入職したら、年長のときの担任と一緒に仕事をするというようなこともあります。当然、そこにはその良さも大きく存在するのですが、人の動きがないということは、人に仕事がついている状態になりやすく、この人がいなくなると組織として該当業務が遂行できない事態になります。それぞれにメリット・デメリットがありますが、保育園を継続していくことを考えると、公立園のような機能でのマネジメントを取り入れていく必要性を感じます。

組織にとって人は血液のようなもので、どんどん回していかなければなりません。公立ほどダイナミックなことはできないとしても、私の法人では複数の施設を運営することで、保育士が法人内で長く働きつつも施設間を異動する環境を目指しています。園児が卒園したあとも先生に会いに来られるという保育園の温かさは残しつつも、人に仕事がつくのではなく、仕事に人がつく状態にしなければなりません。

文鎮型組織から階層型組織へ

私の経営する保育園は、もともと文鎮型の組織でした。園長がいて、その下に同列で保育士がいるという形の組織です。その形態から脱却すべく、私はまず組織に階層をつくりました。機能ごとに階層をつくり、権限と責任を分割していったのです。それまでは権限や責任の所在があいまいで、物事によっては権限が保育士にあり、責任だけが園長にあるということもありました。すると、園長は権限がないけれど責任だけ負わされることになるので、ほかの人が誰もやりたがらないのも当然です。一般社会からすると当たり前のことですが、保育の世界でも権限と責任を一致させることが極めて重要です。結果として、それが親族経営から脱却する第一歩にもなり、一法人が複数施設を経営する今の体制の構築につながっています。

よい園長とは

数十年前であれば、園長も子どもたちと園庭に出て一緒に遊ぶ余裕もありました。今ほど処理する書類の種類や量が多くなかったですし、補助金が増える仕組みも少なかったからです。

しかし、今は書類の処理の負担が激増しており、積極的に業務効率化を進めていかなければとても捌ける量ではありません。さらには、努力次第で得られる補助金の金額に大きな差が出るようになりました。書類をそろえる努力をすれば補助金を得られて報われますが、努力しなければ補助金を得られないのです。つまり、さまざまな情報にアンテナを伸ばし、新たな補助金等の申請のために書類をそろえればそろえるほど、その分多く補助金を得ることができ、保育園のために使えるお金が増えるということになります。

保育園は今、入園児数をどれだけ確保できるかによる勝ち組・負け組が出ているだけでなく、園長がいかに情報を得て努力をしているかによっても、収入面での勝ち組・負け組の差が広がっています。

補助金の金額はさまざまですが、年間で1万円程度のものもあれば百万円単位、数千万円に及ぶものもあります。私が見た公募のなかには億単位の補助金もありました。

こういった補助金を確実に得ていくことで収入が増えれば、保育士の給与を上げることができますし、保育士の人数を増やすこともできます。さらには、保育士の研修体制を充実させて、保育の質の向上に役立てることもできるのです。

よい園長というと、保育の現場に積極的に顔を出して現場の気持ちに寄り添ってくれる先生という園長像が描かれることが多いように思います。事務室にこもって難しい顔でパソコンとにらめっこしている園長よりも、保育現場に出てきて子どもたちの顔と名前を覚えていて、声を掛けてくれる園長のほうが保護者からの評判も良い傾向があります。

私も人の親なので、そういった保護者の心理はよく分かります。しかし、本当に保育園のために自分の責務を果たしている園長というのは、保育現場を主任等に任せ、要点を管理しながらも書類やコンプライアンスをしっかりと整備し、施設の収入増加、収支増加で継続性の強化に力を入れる園長です。人に仕事を任せたら、細かく経緯に口出しするのではなく、任せきることが重要です。

園長が現場職員と同じ仕事を一緒にこなして現場の負担を軽くするということではなく、現場担当が仕事に集中できるよう環境を整えたり、外部から仕事をもってきたり、永続的に職員の生活が安定されるような体制を構築したりするのが園長の業務です。

園長本来の業務を疎かにし、現場職員と同じ業務をこなしながら、現場職員より高額の報酬を得るのはフェアではありません。

社長自ら営業活動に全力投球していて組織運営が疎かになっている会社の場合、社長が倒れるようなことがあったらどうなるのだろうと心配になります。企業の業務を考えるときに、その取引会社がサプライチェーンのボトルネックになるかもしれません。保育園を見るときに、園長の人柄を見ることよりも大事なのは、園長に何かあってもこの園は存続できるのかという視点です。待機児童の問題が解決に向かい、保育園の数が余る時代に差しかかっている今、保護者が「この園は倒産することはないだろうか」というくらいの危機感をもって保育園を選ぶことは一つの重要な視点になっています。

なぜ園長が世襲になっている園が多いのか

保育園の園長に世襲が多い理由は、保育園の成り立ちに関係します。

日本における保育園の起源は一説によると、１８９０（明治23）年に新潟市につくられた「静修学校付設託児所」とされています。私塾の生徒が連れてきた乳幼児の保育が行われていましたが、次第に生徒以外の働く母親からも保育を頼まれるようになっていきました。これが日本初の託児事業とされます。やがて農作業の繁忙期に子どもを預ける託児所や、工場で働く女性労働者の要望に応えた工場付設の民間託児所が各地でつくられるようになっていきました。

こうしてつくられた保育園の前身は明治時代後半から普及していきます。そのなかで有名なのが１８９９（明治32）年に東京麹町に創設された双葉幼稚園です。そこでは地域における貧困世帯の幼児の保育が行われました。そして、１９１１（明治44）年に双葉保育園と名を改めます。こういった戦前の保育園や託児所は、内務省によって幼稚園とは別の存在として位置づけられて増えていきます。この時点で、すでに幼稚園と保育園は別のものとして明確に区別されていました。

戦後になると、戦争で親を亡くした子どもや、海外から引き揚げてきた子どもの存在を念頭に「児童福祉法」が１９４７（昭和22）年に制定されます。

この児童福祉法では、第１条で「すべて児童は、ひとしくその生活を保障され、愛護されなければならない」という理念が明確化されています。同じく第１条で「すべて国民は、児童が心身ともに健やかに生まれ、かつ、育成されるよう努めること」がうたわれ、第２条では「国及び地方公共団体は、児童の保護者とともに、児童を心身ともに健やかに育成する責任を負う」ことが定められています。

その後改訂が重ねられて文言は変わっていますが、当時この法律が保育園を法的に定めたことで多くの保育園がつくられていきました。その母体はさまざまで、個人であったり宗教法人であったりしましたが、このときにつくられた保育園の多くが世襲で事業を承継していく形をとりました。私の祖父が開園した施設もその一つです。

保育園が乱立するなか、１９４８（昭和23）年には、「児童福祉法」に基づく保育園などに関する「児童福祉施設最低基準」（のちに「児童福祉施設の設備及び運営に関する基準」に名称変更）がつくられます。これにより、子どもの年齢に応じて保育士が何人必要か、園舎や保育室の面積は最低限どのくらい確保するべきかといった基準が定められました。

その後、児童福祉法は改正を重ねていき、「保育に欠ける」と判断される子どもが保育園に入園できるようになりました。１９６５（昭和40）年には「保育所保育指針」が当時の厚生省により示されます。この保育所保育指針によって、保育園においては「養護」と「教育」という２つの要素を一体として保育をしていくことが示されました。

戦後の経済成長を続けていた頃の日本では、父親がサラリーマンで母親が専業主婦という家庭が一般的でした。保育園に通う子どもよりも、幼稚園に通う子どもの数のほうが圧倒的に多かった時代です。この時点では、母親が働きに出るなどして「保育を十分に受けることができない」少数派の子どもたちのために、政府が福祉事業の一環として保育園を整備していきました。

それが１９８５（昭和60）年の「雇用機会均等法」の制定を経て、状況が変化していきます。働く女性の数は増え、女性の働き方に選択肢が広がりました。ただ、保育園のニーズが高まる一方で保育園の整備が追いつかなくなります。都市部を中心に、待機児童が問題化していきました。

そこで、都市部の自治体が保育所への民間参入を呼びかけるようになり、２００１（平成13）年に東京都は自治体独自の認証保育所制度をつくるようになりました。これを契機に、株式会社の保育事業への参入が進みます。保育園は社会福祉施設であり、児童福祉施設です。本来は社会福祉法人が主体となるべきところですが、第二種社会福祉事業は株式会社等にも設置が認められています。そうやってつくられた保育園では、園長が必ずしも保育現場を経験しているとは限りません。まったく違う事業に携わっていた人が、ある日突然園長に就任するということもあります。

園長の業務には書類処理能力などの保育の現場とはまったく違う力が必要になるため、保育現場の経験者である必要はありません。むしろ、保育士が園長になるほうがハードルが高いかもしれません。書類を大量に処理しなければならない園長の仕事は、保育士にとって「罰ゲーム」と揶揄されることすらありますが、ノンバーバルなコミュニケーションを得意とする保育士にとっては確かに罰ゲームのようなものかもしれません。

しかし、法人の成長を考えると、今後は保育士が園長になることを嫌がって経営のことに無関心というのは通用しない時代になりました。

保護者とは長い付き合いになる

保護者との付き合いは入園の相談から始まります。電話での問い合わせでも、窓口となる担当よりも園長を指名して相談をしてくる保護者の方も少なくありません。

０歳児の場合は入園の相談から数えれば7年ほどの付き合いになります。子どもが複数いてきょうだいで通われる場合にはさらに長くなります。そのため、保護者の方とは10年以上の付き合いになることも珍しくありません。不文律になっているような園の習慣などについては、新しく入ってきた保育士よりも保護者のほうが熟知しています。保護者の方も人によりさまざまで、初めての来園時にほかの保護者とすぐに打ち解け、保育用品等のお古を譲り受ける約束を取り付けられるような、とても社交的な方もいらっしゃいました。

保育園に通われる以上、一緒に通う保護者の方同士は、できる限り仲良くなったほうがいいと私は思います。園の情報のみならず、子育ての悩み相談や送迎のお互いの協力などメリットも多くありますし、何より地域でのつながりが広がることは、治安も含め地域全体の向上につながります。

名古屋市では待機児童問題が解消し、待機児童ゼロを継続しています。「預けられるかどうか」ということについて、以前ほど必死になる風潮は和らいできています。保護者の方は入園から卒園までを長い目で見て、園職員等とお互いに長い付き合いになるという意識で信頼できる園を選ぶ視点も大切です。

入園の相談に対応する際、当法人では、あまりにも自宅から園までの距離が離れていたり、職場に行くルートから外れていたりするようであれば、より通いやすい立地にある保育園を紹介します。保護者の立場になって、保護者目線で最適な選択を提示することも、保育関係者として大切な責任です。子どもを連れて重い荷物を持っての移動は想像以上に体力を使います。晴れている日ならまだしも、雨の日は大変です。預け始めの頃は抱っこ紐やベビーカーで移動していた子も、成長とともに歩くようになります。親が予期せぬ行動を子どもが突然し始めることもあります。そういった先のことを見通すと、保護者にとって通いやすい場所にあるということはとても大切です。

「背中を見て育つ」は通用しない

行政による施設監査は法令等で定められた最低限の基準であり、必ず守らなければならない項目ですが、その調書のなかで、「職員研修」について次のような項目があります。

・職員研修等資質向上対策について、パート職員も含めてその推進に努めているか
・研修を計画的に行っているか
・特定の職員のみ参加するなど偏りのないよう、職員（パート職員も含む）に対し、平等な機会を与えているか

（認定こども園事前調書　ワークシート「5」より）

行政が施設監査を行う目的は、事務処理を含め正しく保育が行われていることを確認するためです。とはいえ、行政のマンパワーにも限りがあり、すべての事項をつぶさに確認することはできません。そのため、名古屋市では各施設の自己点検項目として、事前調書が用意されています。

行政は事前調書に関して「性善説」で監査します。しかしすべてを「言ったとおり」として受け入れていては監査として成り立ちません。一部については、確認添付資料を求めます。

監査を受ける施設側は、各項目について正しく説明できる責任があると私は考えます。それが多額の税金を受けながら子どもたちの命を守る者として果たすべき責任です。

そう思いつつも、すべてにおいて完璧な運営には至っていません。さらなる向上が必要な状況です。前述の職員研修に関する項目であれば、計画的な研修について「研修規程」を整えたり、職員のキャリアに応じた「キャリアパス研修」を明確にしたりする必要があります。それらの書類を提示することが監査の確認書類になります。

これらについては世の中の変化に応じて常に改善の余地が生じるため、現時点で自信をもって公開できるほどのレベルに達しているかというと必ずしもそうとはいいきれないのが正直なところです。

現場の保育士はもちろん、次世代の園長候補を育成することも園長の大切な業務の一つです。ただ、現場の保育士も激務であり、なかなか十分な研修時間が確保できない事情もあって、難しいところではあります。

私が園長になったときには、父の背中を見て仕事を学ぶというやり方でした。しかし、今の時代は「背中を見て育つ」という教育方針は通用しません。特に新人職員については、一般企業であっても「背中を見ていない」と言われます。職員の成長を促すには、分かりやすい業務マニュアル、手順書、研修資料等の整備が重要です。

第４章

圧倒的に不足する保育士さんたち
元ＮＴＴ職員のＩＴを駆使した働き方改革

保育士に求められるスキル

『Parenthood（邦題：バックマン家の人々）』（1989年　ロン・ハワード監督）というアメリカ映画があります。Childhood（子ども時代）に対する「親であること」という意味の単語で、バックマン家のきょうだい家庭を中心に、各家庭の子育てをコミカルに表現したハートフルな映画です。印象深いシーンがいくつもあるのですが、その映画のなかでは、キアヌ・リーブス氏が青年トッドを演じていました。青年トッドに対し、母子家庭で、息子の子育てについて困っている女性が悩み事を相談します。「やはり父親は必要なんだろうか」という問いに、トッドがこう答えます。「それは親によるよ」。

　彼は幼少期に受けた父親からの虐待について淡々と語りました。頭にタバコの火を押し付けられたこと、寝ているところを蹴って起こされ、食事を準備するように命じられたこと……。そして最後に「イヌを飼ったり釣りをしたりするにも免許がいる場合もある。車の運転だって免許が必要。なのに父親は誰でも無免許でなれる」と言います。トッドの見せる一瞬の寂しげな様子がとても印象的でした。

親になるにあたって、子育てに関する一定の教育、情報提供が必要なのではないかという提言にもつながる、大切なシーンだと思います。

親になるには、何の勉強も資格も必要ありません。子どもの命がお腹の中に宿った瞬間から人は親となり、専門的な知識がなくても家庭での子どもの保育は可能です。しかも、子育てを学習する機会は社会的に準備されていません。加えて、少子化と核家族化で、地域における横のつながりが希薄化するなかでは、赤ちゃんや乳幼児に触れるのは、結婚後、自らの子どもが誕生して初めてという人も多くいると思います。そのため子育てに関する経験がない状態での出発となり、そのなかで一生懸命に行っている行為が不適切な育児として虐待通報につながっているケースも見られます。

こうした児童虐待を防止するため、産前子育て教室制度化推進全国ネットワークが産前子育て教室制度化に向けて活躍されています。保育という児童福祉施設の関係者として、敬意を示すとともに、保護者の子育て労苦が少しでも減少し、子どもの笑顔が守られる社会になることを願ってやみません。産前子育て教室が制度化されると、各家庭での子育て力、保育力は格段に上昇することが期待されます。

一方で、保育園における保育の専門性とは何なのかという疑問が湧いてきます。例えば、医者や弁護士や建築士といった職業は、専門的な知識がないとできません。産前子育て教室が制度化されていない現在でも、児童虐待に至ることなく、質の高い子育てをされている家庭が多いということは、ある意味、保育は誰でもできるということになります。中学生がボランティアで保育園にやってくれば、園児たちが駆け寄ってきて一緒に遊び始めます。その遊んでいる時間も見方によっては立派な保育だといえます。むしろ、普段見かけない珍しい中学生のお兄さんお姉さんのほうが、プロの保育士より子どもに人気だったりします。たとえ一場面だけであったとしても、何の知識もない子どもでもできるのが保育なのだとすると、保育士の専門性とはいったい何なのかを言語化するのは難しい問題です。報道で保育士の専門性が取り沙汰されることがありますが、明確な答えを得ることはできません。

保育では、言語化できない情報を汲み取って対応できるということが大切ですが、それが保育士の専門性かというと、必ずしもそうとはいいきれません。24時間赤ちゃんと接していれば、赤ちゃんがどのような気持ちなのか、機嫌がいいのか悪いのか、何を求めているかは次第に分かるようになってきます。その前後の状況と赤ちゃんの泣き方で、今はおむつが濡れていて不快なのだとか、お腹が空いているのだとか、眠くても眠れなくて機嫌が悪いのだといったことが分かるようになります。泣き方がいつもと違うという母親の直感が、専門家である医師の診断よりも確実に病気を見つけることすらあるのです。それを考えると、言語化できない子どもの気持ちを汲み取る能力というのは、どこまで専門性といえるかというと疑問に思います。

なかには言語化できない情報を読み取るのが苦手で、子育てにつまずく親がいることは事実です。保育士を集団としてとらえれば、気持ちを汲み取る力が相対的には高いということはいえますが、個々の力を見たときに必ずしも長けていると客観的に示されたデータは見たことがありません。

私は保育園の経営をしていますが、もともとは情報工学・情報通信の分野で仕事をしていました。そのときでも、街中でレストランに入ったときに隣のテーブルに赤ちゃんがいれば、今は機嫌がいいなといったことは当然理解できましたし、いないいないばあをして一緒に遊び楽しんだりしていました。感情を感じ取るということは誰にでもできるスキルの一つであると思うのです。

学校の試験で測られる能力と、保育士に求められる能力はまったくものさしが違います。一例として、言葉以外の手段でどれだけ伝えることができるかで評価されるのが保育士の世界です。試験の成績が良い人や学歴の高い人が必ずしも保育士を目指すわけではありませんし、保育士に求められるスキルでもありません。

インターネットで「保育士に求められるスキル」を検索すると、ピアノや体操、リズム遊びなどの実技のスキルが挙げられました。一つの特徴ではありますが、それが保育の本質かと問われると、私は疑問に感じます。それ以外に、コミュニケーション能力や傾聴スキル、応急処置や救命救急スキル、体力、観察力と共感力、とっさの判断力、一般常識や事務スキルが挙げられました。

深く納得しながらも、「それは専門性なのか？」と疑問が続きます。

チャット形式でいろいろな質問ができるＡＩのChatGPTに聞いてみたところ、右記以外に、教育スキル、チームワーク能力、忍耐力とストレス耐性が出てきました。最後の項目には、思わず「そうそう！」と笑ってしまいました。確かに必要なスキルかもしれませんが、専門性としてのスキルではありません。誤解なきように断っておきますが、保育は、つらく苦しいだけの仕事ではありません。どのような仕事にも、忍耐力とストレス耐性は必要です。

ChatGPTが挙げたもう一つの項目は、持続性でした。私は深く共感しました。子どもたちの成長には特性があります。画一的な方法で単一の成果を望むことはできません。一人ひとりの成長に合わせた適切なケアと教育を持続的に行うことはとても重要です。加えて、保育の質の向上のため、持続的に学び続ける必要があります。この学び続ける姿勢こそ、保育士に求められるスキルであり専門性ではないかと思います。

保育士の専門性については、数多くの論文も出されています。それだけ目に見えにくい業務であるといえます。

これらを踏まえて、また、今の子育てを取り巻く環境変化を勘案すると、「保育とは何か」が再び問われている時代だと思います。

保育士の数は増えているのに現場では保育士が不足している

厚生労働省の「保育士登録者数等（男女別）」によると２０２０年の保育士登録者数は男性が８万２３３０人、女性が１５８万３２１９人で、男女合わせると１６６万５５４９人となります。

前年の２０１９年の保育士登録者数と比較してみると、登録者数は約６万７０００人増加しています。過去の数字と比較してみると、保育士登録者数自体は年々増加傾向にあることが分かります。

それでも、厚生労働省「保育士の有効求人倍率の推移（全国）」によると保育士の有効求人倍率は２・49倍で、時期によっては3倍近くなることもあり、保育の現場では保育士が足りていないことがうかがえます。

２０１３年以降、保育所などで働く保育士の数自体は増え続けています。しかし、実際に保育士として働いている人は保育士登録者数の2分の１以下に過ぎま

保育士の登録者数と従事者数の推移

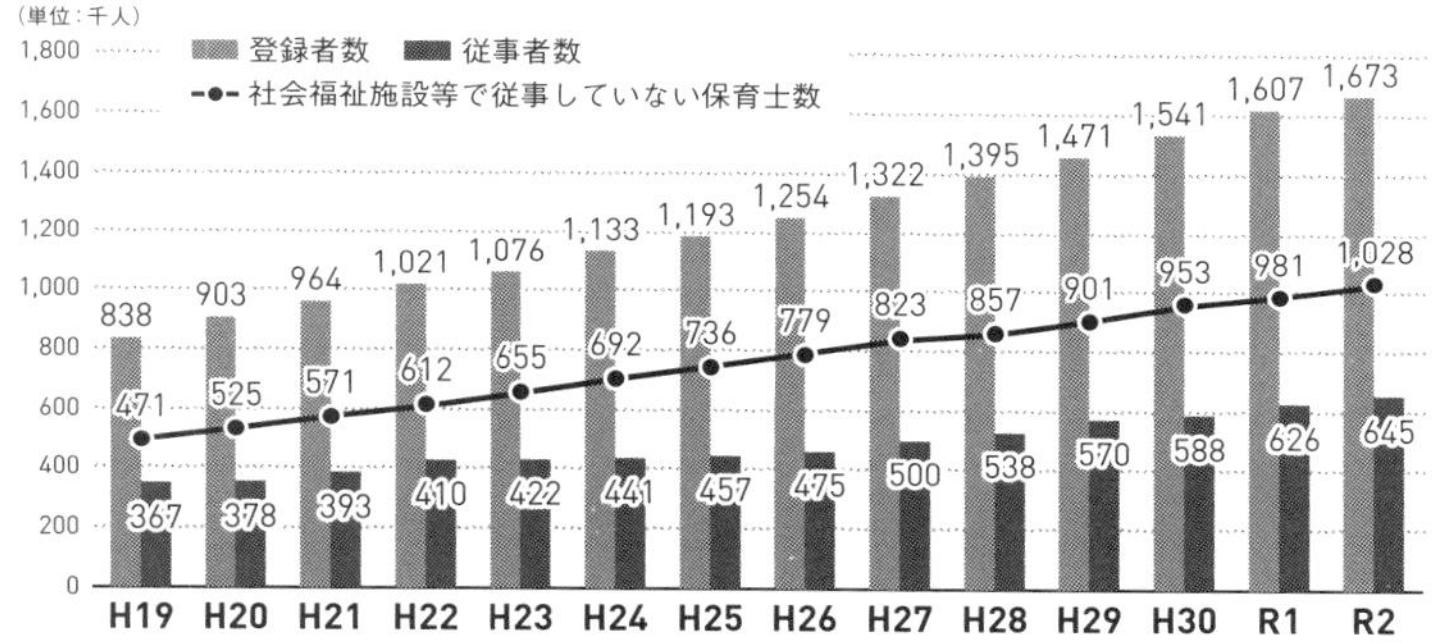

出典：令和４年版　厚生労働白書

せん。厚生労働省によれば、２０１９年の保育士登録者数は１６０万７０００人で、実際の従事者数は62万６０００人です。

保育の資格をもっているにもかかわらず保育士として働いていない潜在保育士の数が多い理由として、厚生労働省の調査では次のような点が挙げられています。

・責任の重さを感じる
・事故への不安がある
・就業時間が希望と合わない
・休暇が少なく取りにくい

責任の重さを感じる・事故への不安がある

保育園では生後2カ月の、まだ自分では何もできないどころか首もすわっていない子どもから、６歳の誕生日を迎えた子どもまでが集団で生活します。それぞれの発達段階に合わせた配慮をして保育をしていきますが、「命を預かっている」という責任が心理的に大きな負担になることがあります。

緊張感のなかで働いていても、それに対して収入が見合わないと感じる人も多くいます。厚生労働省「令和３年賃金構造基本統計調査結果の概況」によれば、保育士の平均年収は男性が約４２１万円、女性が約３８０万円で、全体の平均は約３８２万円です。

保育士の待遇改善が議論され、かつてよりは良くなってきていますが、世間の水準からすると、まだ収入が良いとはいえません。

就業時間が希望と合わない・休暇が少なく取りにくい

保護者の働き方の多様化に合わせて、保育園では子どもの受け入れ時間に幅をもたせています。保育士はそれに合わせて早朝勤務や夜間勤務があったり、休日保育を行っている園では日・祝日なども出勤する必要があったりします。そうすると、特に自身も子育てをしている人は仕事と家庭の両立が難しくなる場合もあります。

また、園によっては休暇が取りにくいこともあります。当法人のように、有休消化率ほぼ１００％が維持できるように工夫しているところも多々ありますが、もともと、保育園の開園時間、保育士の配置基準、および、労働基準法による保育士の労働時間枠には乖離があります。制度上、非常に困難な背景があります。

このような理由から、保育士の資格をもっていても保育士として働き続けることを諦める人は少なくありません。現場で保育士の仕事を見ていると、保育士の仕事は多岐にわたります。１日のタイムスケジュールや年間の行事予定を見ると保育士の仕事量が見えてきて、例えば私の経営する園の場合、幼児では次のようなタイムスケジュールになります。

【幼児の1日のスケジュール】

7時　登園・視診・自由遊び
9時15分　排泄・出席調べ・朝の歌・手洗い
10時　戸外遊びなど
11時20分　給食

12時　　　排泄・着替え
12時15分　お昼寝
14時　　　起床・排泄・着替え
14時30分　おやつ・排泄
15時30分　残留保育
16時　　　排泄
18時　　　延長保育・おやつ
19時　　　全員降園

朝7時に子どもたちが登園してくるということは、早番の保育士はそれ以前に出勤して子どもたちを迎える準備をしなければなりません。子どもたちが登園してきたら、体調におかしなところはないかなどを視診します。朝、登園した際に、保護者の方と情報を共有することも重要です。次々と登園してくる子どもたちを迎える慌ただしい時間帯を過ぎても、元気いっぱいの子どもたちと一緒に戸外で遊ぶなど、体力も神経も使う時間が続きます。トイレトレーニング中の子どもなどは、おもらしをすることもあるので、その都度掃除をしたり着替えさせたりという対応が必要になります。給食の時間はアレルギーのある子どもが誤食しないかなどにも注意を払いながら進め、保育士自身はゆったりと昼食をとる時間はなかなかありません。給食を終えると子どもたちをトイレに連れて行き、着替えをさせてお昼寝タイムです。お昼寝の前後には布団を準備したり片付けたりといった仕事も入ります。成長するにしたがってお昼寝をしない子もいます。そういった子どもたちへの対応もしつつ、交代で休憩をとることになりますが、その間に連絡帳も書かなければなりません。お昼寝のあとはおやつです。その後も子どもたちが全員降園するまで、気の抜けない時間が続きます。

これが1歳未満の乳児になるとおむつ交換やミルクの時間が入ってきます。

【乳児の1日のスケジュール】

7時　登園・視診・自由遊び
9時15分　おむつ交換
9時30分　出席調べ・朝の歌・おやつ
10時　遊び・おむつ交換
11時　給食・ミルク
11時45分　おむつ交換・着替え
12時　お昼寝

13時30分　起床・おむつ交換・着替え
14時　おやつ・自由遊び・おむつ交換
15時　ミルク
16時30分　おむつ交換
18時　延長保育・おやつ
19時　全員降園

乳児の場合は、幼児以上にお昼寝中にも気を使います。ＳＩＤＳ（乳幼児突然死症候群）を防ぐために呼吸や寝姿などを定期的に確認します。ＳＩＤＳは、それまで元気だった赤ちゃんが、事故や窒息、死に至ることが分かる明確な病気ではなく、眠っている間に突然死亡してしまい、その要因となる病気が明確に判明しない症状です。０歳の死亡原因の第３位となっています。

保育士は保育時間中に複数の子どもたちを見て、その忙しい合間を縫うようにして連絡帳を書きます。朝の受け入れや帰りの引き渡しの際は保護者への対応もし、子どもたちが降園したあとには保育室の飾り付けなどもつくります。また、日報や週報、月報といった指導計画も作成するなどの事務作業も多くあり、なかにはいまだに書類の手書きを求める園もあります。

さらに新年度は、より忙しくなるタイミングでもあり、新しく入園してきた子どもたちのケアが必要になります。子どもたちと信頼関係を築くうえで非常に大事な時期です。新しい環境に慣れるまでは保護者との別れ際に大泣きする子どもも少なくありません。そのため、泣いている子どもをあやしたり、不安に思っている保護者の相談に乗ったりする必要があり、普段よりも保育士の負担は大きくなります。

９月から12月くらいには、運動会や生活発表会などの大きなイベントが続きます。

園によっては衣装づくりやステージなどの装飾が保育士の負担となるところもあります。打ち合わせや準備に時間をとられて忙しくなりがちです。

年度末の３月は進級に向けた引き継ぎや保育要録の作成があり、特に年長児の担任の負担は大きくなります。年長児を送り出す準備と同時に、新年度に向けた仕事も並行して行うことから多忙になります。

園によって年間を通してさまざまな行事が設定されています。私の経営する園の場合、次のような行事があります。

【年間の行事】

4月　始業式・入園式
5月　遠足・個人懇談会・保育参観
6月　南区年長まつり（5歳児）・歯科検診
7月　七夕お遊戯会・プール開き・スイミング参観（5歳児）
　　　お泊まり保育（5歳児）
8月　プール遊び
9月　運動会
10月　バザー・園外保育・世代間交流
11月　保育参観
12月　クリスマスお遊戯会・スイミング参観（5歳児）
1月　人形劇（4・5歳児）・学級懇談会
2月　園内豆まき・保育まつり（5歳児）・作品展・保育参観
3月　園内お別れ会・お別れ遠足（5歳児）・卒園式

子どもたちは行事をとても楽しみにしているので、保育士たちの準備にも力が入ります。このほかに毎月お誕生日会や防災訓練、身体検査なども行っています。園によって多少の違いはあるにしても、どこの園でも同じような行事が行われています。

連絡帳は本当に必要なのか

このように忙しい保育士の大きな負担となっているものの一つが、連絡帳です。幼児と乳児の１日のスケジュールを見れば分かるように、保育士が自分の休憩時間を削って書いているのが現状です。それにもかかわらず、保育士と保護者との間のコミュニケーションツールとして保育園では連絡帳が使われ続けてきました。

以前参加したセミナーでは日本国内の幼稚園、保育園の園長先生数人と、ヨーロッパで子育てをされている方との対談がありました。対談のなかでは連絡帳問題が取り上げられており、口頭で伝えたほうが早いので海外では連絡帳を使っていないという話に、会場内の日本の保育関係者は驚いていました。その点について、ある園長先生が「連絡帳は監査で確認されており、実施が必須化されている」

という説明をされていました。気になったので改めて確認すると、法で定められているわけではありませんでした。行政監査の担当者にも確認しましたが、「必ず（手書きの）『連絡帳』を実施するよう指導はしていません」という説明を受けました。おそらく多くの保育士が負担を感じながらも、より気持ちが伝わるという保育園内外からの期待のもとに日々手書きしています。

保育所保育指針には、以下のように記載されています。

> 第4章　子育て支援
>
> 2 保育所を利用している保護者に対する子育て支援
>
> （1）保護者との相互理解
>
> ア　日常の保育に関連したさまざまな機会を活用し子どもの日々の様子の伝達や収集、保育所保育の意図の説明などを通じて、保護者との相互理解を図るよう努めること。

保育園が連絡帳を廃止して口頭で保護者と意思伝達をすることにしても行政監査の指摘事項には該当しないということで、必須事項ではありません。

ところが、保育園業界では「行政から指導されている」と誤認している園も多くあります。

連絡帳ではなく口頭であっても、保護者との情報共有がきちんとできていれば問題にはなりません。

では、なぜ手書きの連絡帳を続けているのかといえば、今までずっと使ってきたからというのが私の推測です。変化を避けようとする、または、新サービス提供に対する情報収集力の不足といった保育業界の体質が影響しているともいえます。

「子どものために」ということを第一にしているはずなのに、行きつく先として子どもを見る時間の削減という現象が起きています。

例えば、少年野球チームでコーチが練習のたびにグラウンドで全員に連絡帳を書いていたとしたら、多くの保護者は連絡帳を書く時間分、子どもたちの練習を見てほしいと考えるでしょう。

それを踏まえると、保護者にとっては「保育士による子どものための保育よりも、保護者に対する子どもの記録のほうが大事」と考えられているのではないか、記録の価値に勝るような保育は実施されていないと認識されているのではないかという見方もできます。

一般的にアナウンサーが原稿を読むスピードは1分間に３００文字程度といわれます。1分間で３００文字程度の内容を無理なく伝えられるということです。これに対し、３００文字程度の内容を記述するには、タイピングの実務レベルで1分間に50文字程度といわれていますので、口頭での6倍の時間がかかる計算になります。手書きの場合はもっと差が出ることになります。

口頭で伝える場合、聞き手である保護者の方に失礼にあたるかもしれませんが、状況によっては子どもたちの様子に視線を向けて安全を確認しながら、その日の様子を伝えることができます。情報伝達と子どもの見守りを同時進行できるのです。

タイピングの場合は、ブラインドタッチができたとしても、子どもたちの様子に視線を向けながら入力を続けるには高いスキルが求められます。手書きの場合は、子どもたちに視線を向けることは不可能です。

保育士が時間と労力をかけて連絡帳を作成するよりも、お迎えの際に口頭で同じ内容を伝えることにすれば、保育により多くの時間や手間をかけることができます。

こういった点にも変化、改革のポイントを見いだすことができます。

保育園のＤＸを進めれば保育士が保育に集中できる

保育士の行う事務はもとより、保育園の運営にかかる事務の負担を軽くし、本来の保育業務に集中できるようにするために、保育園のＤＸは避けて通れません。以前に比べると、保育業界のＤＸはかなり進みましたが、世の中には便利なツールが多々あり、各種展示会に出かけると、その機能の豊かさに圧倒されます。

園長の仕事や職員の仕事を効率化するために、私の経営する法人や園で使っているツール、導入検討中のツールを分野別に紹介しながら保育園ＤＸについて説明します。

業務支援（保護者との連絡ツール）

業務に特化した支援ツールについては、在園児保護者との連絡ツールとしてCoDMON（コドモン）というシステムを導入しました。私の運営している園の保育士たちには、「CoDMON がなくなると困る」というくらいに活用されています。

CoDMON を使うと、登降園記録から保育料請求までを全自動で行うことができます。打刻記録をはじめ、園児ごとに異なる保育料計算や請求書の発行までが自動で行われるうえ、振替データの作成にも対応しています。これによって集計や転記の際にミスが起こることもなくなり、園で現金回収をする手間もなくなります。行政による監査の際には CoDMON の画面を見せることで対応することもできるので、監査のための準備の負担も軽減されます。

日々の業務では、保護者からの遅刻・欠席の連絡や保育時間の延長申請をアプリで受け付けて共有することができます。朝の忙しい時間帯に職員が電話対応に時間を割かれることがなくなるので、子どもたちの受け入れに余裕をもってのぞむことができます。保護者の方も保育園の開園時間を気にすることなく、連絡事項を送信することができます。アプリで受け付けた情報は職員に一斉通知で共有できるので、確認漏れや引き継ぎのミスも防止できます。

全体やクラスごとなどのカテゴリを選んで一斉にお知らせを配信することもできます。保護者がお知らせを確認したかの既読管理もできるため、通常のお知らせを配信する際はもちろん、災害時などの場面でも役立ちます。園からのお知らせをいつでもスマホから確認できるので、保護者からも非常に便利だと好評です。保育園等からの紙のお知らせが自宅の冷蔵庫に貼られるのは、よくあることではないでしょうか。CoDMONにより、各家庭の冷蔵庫の前面がすっきりしたのではないかと思います。

名古屋市では市内の公立保育園にもCoDMONを導入しました。今後、保育のＩＴ化が加速度的に進むのではないかと感じさせるサービスです。

法人内や複数の園とのコミュニケーション

法人内や複数の施設間でのコミュニケーションの効率を上げるために使っているのがグループウェアです。グループウェアとは組織内で情報を共有するために必要になる機能を備えたソフトウェアのことです。メールやスケジュール管理、ワークフロー、チャットなどのコミュニケーションツールなどが含まれます。組織が大きくなればなるほど、情報が散在しやすくなりますが、それをグループウェア上で一元管理することで業務の効率を上げることができます。

次に挙げるツールはどれも一般的にビジネスシーンでよく使われているものばかりですが、上手に取り入れることができれば保育業界の業務についても大幅に効率を上げることが可能です。

・Google Workspace

知名度の高さを考えると、ここで改めて説明するまでもないかもしれませんが、Google Workspace は Google によるグループウェアです。プライベートで Gmail やカレンダーなどを使っている人も多いので、導入する際の心理的なハードルは比較的低いといえます。非営利団体向けには「Google Workspace for Non-Profits」が無料で用意されています。Gmail、カレンダー、Chat、ドライブ、ドキュメント、スプレッドシート、スライド、フォーム、Google サイトなどのツールを使うことができます。

・deskneťs NEO

deskneťs NEO は日本で開発されたグループウェアです。そのため、日本特有の企業文化にも対応した機能が組み込まれています。例えば部署や役職単位でのやりとりやアクセス権限の設定といった日本ならではの状況にも対応しているので、管理者の負担を減らすことができます。保育園単位や園長などの役職単位でアクセス権限を設定することもできるので、一法人で複数施設を運営している場合でも使いやすいツールです。AppSuiteを使うと、プログラムに直接手を触れずとも、クリック操作でアプリを自法人向けにカスタマイズすることができます。

・kintone

kintoneも日本で開発された業務システムです。kintoneでは、顧客案件管理や交通費申請、日報やプロジェクト管理、受発注管理、そしてお弁当注文のようなシステムまで、業務システムアプリを必要な数だけ追加できます。部署別・業種別にすぐ使えるテンプレートが数多く用意されているので、異なるシステムをいくつも用意する必要がないというメリットがあります。

また、顧客情報や案件情報、売上情報、プロジェクトの進捗状況、ワークフローの申請状況など、チームや仕事に必要な情報を管理してリアルタイムで共有することができますし、業務内容によって関係するメンバーや情報を整理することもできます。

統一したフォーマットによるデータ入力や、データに紐付けたコミュニケーション、業務プロセスに合わせたステータス管理なども簡単にできるつくりになっています。

・Slack

Slackはメールでのやりとりよりもチャットによってスピーディにコミュニケーションがとれるメッセージアプリです。ワークスペース内に話題別のチャットルーム（＝チャンネル）を設定でき、そこでやりとりをすることができます。１つのチャンネル内の１つの投稿について、横展開でスレッド返信を投稿することもできます。また、同じワークスペースに属しているほかのユーザーへダイレクトメッセージを送ることもできます。それぞれのチャンネルやダイレクトメッセージにはファイルを添付することができます。また、ワークスペース内のメッセージやファイルはすべて検索できるので、新しくメンバーが参加した際でも情報の共有がしやすいというメリットもあります。すべての投稿についてＵＲＬが取得できることも特徴的で、ＵＲＬをカレンダーやタスク管理等に添付することで、どのような話の流れでタスク等が発生したのかを確認することができます。

Slackも、Slack for Nonprofitsの提供があり、利用対象団体はSlackのプロおよびBusiness+plansの無料または割引価格でのアップグレードを申請できます。

ビジネスチャットツールは、ほかに、Chatwork、LINE WORKS等、数多くのツールがあります。法人や施設内の状況、利用シーンに合わせて選択することが大切です。業務効率化の第一歩として必須の分野ではないかと思います。

経理

経理に関しては会計事務所へのアウトソーシングという方法をとることもできます。ただし、生データへダイレクトアクセスできる環境は必要です。生データをエクスポートして、Excelなどの表計算ソフトや、データベースアプリで情報を加工できるスキルや環境があることも重要です。

会計ソフトもさまざまな種類があるため選択に迷うところです。既に導入されている園も多いと思います。

一つのポイントとして会計業務だけに特化するのではなく、例えば、勤怠管理の連携など、会計以外の業務効率につながる機能が重要になります。

決算書の出力機能は標準で添付されているかと思いますが、経理データをさまざまな視点から分析することも重要です。

これらの作業は、Tableau などのＢＩ（Business Intelligence）ツールを活用するという方法もあります。ＢＩツールというのは企業に蓄積されているデータを分析・可視化するツールです。そのなかでも Tableau は代表的なものです。もともとはアメリカで開発されましたが、今ではＤＸを推進する国内の企業にも多く活用されています。

本来、データの分析は専門知識を要する仕事でした。しかし、このツールを使えばデータの分析、可視化、レポートの作成までを直感的な操作で行うことができます。また、複数のユーザーが共同で作業をすることもできます。さらには Tableau で分析して可視化したレポートやグラフなどはインターネット上で共有することも可能です。

保育業界は文系の職員が多く、数字に関することは難しいと敬遠されがちですが、こういったツールを活用して情報を可視化して共有することは、現場の意識を変えていく一助となるはずです。

人事・労務

人事労務に関してはSmartHRの使い勝手が良いと感じています。これを活用すると、年末調整や雇用契約などの労務手続きから人事評価までを効率よく進めることができます。従来なら書類を集めたりチェック作業をしたりする作業が発生していましたが、こういったツールを導入することでその分の手間や時間を削減することができます。

また、職員の住所変更や扶養変更などにおいて必要となる労務の手続きがソフト上で完結し、自動でデータベースが更新されていきます。そのため、常に最新の正しい情報を一元管理することができます。

職員の入退職に伴う処理の一部は、SmartHRで自動化できます。できれば、関係機関への届出書類も連動したシステムにしてもらえるとありがたいと願っているところです。いまだに印鑑を求められる書類には困惑しています。

ほかにも、人事評価の機能などを備えたさまざまなサービスが提供されています。ＨＲ（Human Resources：人的資源・人材）テックと呼ばれる分野です。もし利用されていない保育園がありましたら、情報収集だけでも強くお勧めします。ＨＲの分野もさまざまなツールが乱立しているため、機能ごとにグループ分けされた図が、「ＨＲテックカオスマップ」として公開されています。

複数拠点を運営するうえでの環境整備

私の運営する法人が複数施設を運営する形に舵を切った際、複数拠点間の業務改善に向けた環境を整備するために検討したのは、ＶＰＮとクラウドＰＢＸの導入です。

ＶＰＮというのは「Virtual Private Network」の略称です。日本語に訳すと「仮想専用通信網」という意味になります。公共のフリー Wi-Fi を利用する際や、複数の拠点間でＬＡＮを接続する際に、通信環境の安全性を強化する目的で活用される技術です。「仮想専用通信網」の言葉のとおり、共用の回線を仮想的に独立した専用回線であるかのように扱ってインターネットに接続する方法をＶＰＮ接続と呼びます。

通信の安全性のために、物理的な専用回線を引こうとすると多額のコストが必要になります。これに対し、ＶＰＮ接続であれば、物理的な専用回線を引くよりもコストがかからず、共用回線を普通に使うよりも安全性を担保できます。

当法人ではＶＰＮを利用して、ＩＰ対応ビジネスフォンを導入し、拠点間を内線で通話しています。法人内のどの施設に着信した電話も、どの施設からでも取ることができ、電話保留、内線という手順で別拠点にいる担当者に電話を代わることもできます。

クラウドＰＢＸは、簡単にいうとインターネットを使ったビジネスフォンです。クラウドを利用した電話ということで、「クラウドフォン」と呼ばれることもあります。クラウドＰＢＸでは電話交換機（ＰＢＸ）をクラウド上に設置し、電話線ではなくインターネットを介して通常の電話のように内線・外線・転送などの機能を使うことができます。

クラウドＰＢＸの導入にあたっては、電話線を用いた回線を引くときのような電話交換機（ＰＢＸ）をオフィスに設置する必要もなければ、電話回線を引いたりする必要もありません。そのため、初期投資が安価で済み、設置に時間もかからないというメリットがあります。

クラウドＰＢＸを導入すると、会社の電話をパソコンやスマートフォンで受けたり発信したりすることができます。また、登録端末の間であれば、内線扱いで通話できるので電話料金がかかりません。登録端末間で外線を転送することもできます。

複数の施設を運営するうえで、ＶＰＮやクラウドＰＢＸを導入して通信環境を整備しておくかどうかは、その後の業務の安全性や効率を大きく左右します。また運営にかかるコストの面でも差が出てきます。

以前は通話品質にかなりの難がありましたが、随分と良くなりました。インターネットでのデータ安定性に依存するため、不安定になるリスクはありますが、設定等に非常に高い柔軟性があるのは大きなメリットです。

タスク管理ツール

・Asana

Asanaはチームが各自の仕事を整理したり、追跡や管理したりできるようにつくられたワークマネジメントのプラットフォームです。ガントチャートを使ってプロジェクトを見える化し、計画の全体像を正確に把握して効率的にチームと共有することができます。また、かんばんボードを使って視覚的なワークフロー管理をすることもできます。仕事の進捗状況を把握することで何がボトルネックになっているのかが見えてきます。

名著『はじめてのＧＴＤ ストレスフリーの整理術』（デビッド・アレン著 田口元監訳 二見書房）では、頭の中にあるものをすべて書き出し見える化することが大切だと説いています。

保育業務では、巨大なプロジェクトに取り組むというより、すぐに終了するような小さなタスクが山積しています。小タスクのミルフィーユ状態です。何枚目に重なっている小さなタスクが、いつ〆切を迎えるのか、この小さなタスクの関連情報がどこにあるのか、前回の履歴がどのようになっているのか、これらをまとめるのは大変な作業です。その作業を効率化するために、タスク管理ツールは必須です。

Asanaは、初期のFacebookを支えたダスティン・モスコヴィッツとジャスティン・ローゼンスタインがFacebookから独立して設立した会社です。当法人ではすでにAsanaがなければ業務が回らないほど中心的なツールとして利用しています。

Asanaも非営利法人を対象としたプランを準備しています。タスク管理もさまざまなツールがあり、それぞれに特徴やほかのツールよりも強い点があります。各ツールに触れながら、自らのニーズに合致したサービスに出会えることを期待します。

このようなさまざまなツールを使ってみて、より使いやすいものがあれば変更するなどしていきました。私の法人で使っているツールにはここまでに紹介したもののほかに、次のようなものもあります。

・クロノス

職員の勤怠管理システムです。勤怠管理データをそのまま給与計算サービスにデータ連係できるところがポイントになっています。

・Ｂｏｘ

Ｂｏｘでは、ファイルの保存や共有、コンテンツ管理、電子サインワークフロー等を、単一のプラットフォームに集約することができます。また、プロジェクトの計画やスケジュールの作成、共同編集等を効率的に行うこともできます。ワークフロー自動化ツールによって、予算管理などの反復業務をシンプルでフレキシブルなワークフローとして自動化することもできるので、業務の効率化が図れます。

・ネットワークカメラ

ネットワークカメラとは、直接ネットワークへ接続できるＷｅｂサーバーとしての機能をもったビデオカメラのことです。撮影した映像はパソコンやスマホなどからリアルタイムで確認できます。カメラで撮影した映像データを別のモニターに転送して確認する防犯カメラとは異なり、どこからでも映像にアクセスできるという利点があります。それぞれのカメラにＩＰアドレスが割り当てられていることから「ＩＰカメラ」とも呼ばれます。

主にネットワーク上のサービスを列挙しましたが、アナログとデジタルの世界をつなぐツールとして、スキャナは必須です。私は、十数年来、ScanSnapを愛用しています。業務上の書類だけでなく、個人的な資料も次々とデジタル化し、あらゆるデータへすぐにアクセスできる体制構築に努めています。

法人内でもすべてのデータへすぐにアクセスできることが重要で、目標は書類を探す時間の根絶です。以前は何かを探すことに多くの時間を消費していました。

特に大変だったのは、存在しない書類の探索です。「あるかもしれない」という状態で探し続けるのは、無駄以外のなにものでもありません。

探すことに関して、ＩＣＴは非常に優れています。どのように頑張っても探す時間で人間がＩＣＴに勝つことはできません。どれだけ速く走れる人でも自動車には勝てないのと同様です。機械ができる業務はその分野に強いツールを活用し、人間は人間にしかできない業務にいかに集中できるか。今後も非常に重要な視点です。

ツールを導入する際、社会福祉法人の場合は非営利法人のために無料または非常に安価で使用できるものもあります。

TechSoup のような非営利団体向けに寄贈・割引製品を提供している団体もあります。TechSoup は、社会課題の解決や社会変革に取り組んでいる非営利法人が最大限の力を発揮できるよう、ソフトウェアを市場価格の4～10％程度の手数料で寄贈仲介しています。

新たなツールを導入するにあたって、当初は職員の反発を受けることもあります。新しいツールの使い方を覚えるのは負担になるので、そのツールを使うことで自分の業務がどう変わるのかというイメージがなければ職員が反発するのは当然の反応だともいえます。しかし、渋々であっても新しいツールを使っていくうちに便利であることが分かると、職員たちは積極的に使いこなすようになります。

遠隔地の複数拠点間のコミュニケーションをとるためにバーチャルオフィスを活用するという方法も考えられます。

ほかにも、Notionというツールが非常に便利で、メモやタスク管理など、あらゆる機能が集約されています。最近購入した機械では、オートメモというＩＣレコーダーも使用しており、これは録音した音声をＡＩで自動的にテキスト化し、Emailで送ってくれるものです。音声を何度も繰り返し聞いて文字起こししていた時間はいったい何だったんだろうかという気持ちになります。

保育業界のあり方を変える可能性を秘めた「ChatGPT」

新たな技術が保育士や園長の業務を軽くするだけでなく、業界自体のあり方までも変える可能性が出てきています。

例えば、ChatGPTもその一つだといえます。これはアメリカで設立されたOpenAIが公開した、自然な文章を生成する人工知能（ＡＩ）で、２０２２年に公開されると質問に対しての回答があまりにも自然な言葉が返ってくるということで注目を集めており、私も実際に使ってみたところ、質問にもよりますが、なかなか筋の通った回答が返ってきて驚きました。

試しに「良い保育園の選び方を教えてください」という質問を入力したところ、選ぶ際のポイントとしてスタッフの質、施設の清潔さ、安全対策、教育方針、園児とスタッフの関係性の５点を挙げ、それぞれについて簡潔に説明した回答が返ってきました。私から見ると多少の要修正箇所はあるにせよ、ChatGPTの回答は十分に現実的なものでした。

ゼロからすべてをつくり始めるのはとても大変です。ただし、なんらか一定の叩き台を基に、１を10に向上させることは、比較的容易な場合があります。そういった点からも、ChatGPTは注目に値します。

ＮＨＫで特集番組が放送されていたこともあり、ChatGPTの認知度は飛躍的に向上しました。しかし、実際にChatGPTにアクセスしたことがある人は、ChatGPTのセミナー受講者のなかでも２割程度とのことで、さらに日常の業務で活用されている方になると、1～2%まで低下するとウェビナーで話を聞きました。

今までは、例えばExcelの関数等を知っているということでアドバンテージを取っていたホワイトカラーは、ＡＩにその領域を奪われるかもしれません。Excel関数の使い方について質問すると、ChatGPTが教えてくれるからです。これからは、Excel等のツールを使えるかどうかではなく、ＡＩを使えるかどうかがポイントになってくるのだと思います。

現状、各園の園長は、役所等からの書類業務が年々増加し、大変な思いをしています。この点についても、自ら書類業務を処理するのではなく、ＡＩを駆使することで書類作成を任せることができるようになるかもしれません。その場合、園長業務に大きな改革が起き、施設経営に関する、より先の視点検討や保育現場の質向上に向けた施策検討に、より多くの時間を割くことができるようになります。

また今後さらにChatGPTをはじめとするＡＩの精度が上がっていけば、育児で困ったことが出てきたとき、入園の手続きについて相談したいときなどに真っ先に頼るのは保育園の先生ではなくてＡＩというのもあり得ない話ではありません。このような側面からも、保育の仕事は改めて見つめ直されるべきで、時代に合わせてアップデートしていく必要があるといえます。

保育の質の向上とは

保育の仕事について考えるときに、「保育の質」という言葉が使われることがあります。「保育の質」というのは具体的に何を指すのでしょうか。保育の質の向上ということを考えると、「向上」というからには何かの指標が向上している必要があります。指標が上がれば「向上」で、指標が落ちれば「劣化」です。変化しているということに関しては向上と低下は同じですが、いずれにせよ可視化されていなければなりません。しかし、保育の質を計測する手段は今のところまったく提供も提案もされていません。

そもそも「保育の質」の定義がされていません。なぜ「保育の質」の定義がないかといえば、保育とは何かというコンセンサスの定義がないからです。さらに、「保育」が定義されれば、自動的に「保育の質」が定義できるかといえば、それすらもかなりの困難があるように思います。

これは工業製品等ではあり得ない話かと思います。指定されたサイズからの誤差、強度、納品期間、価格等、質を比較する指標が山のように存在するからです。

保育の質を考えるとき、それはアートの質とも似ているところがあると感じます。絵や彫刻や書道などを思い浮かべてみると、人の心を打つ作品かどうかは数値で測ることはできません。一方で数値化できないだけでなにかしらの基準があることは誰しも感じているところだと思います。楽器の演奏であれば、より明らかです。ピアノの音を出すだけなら誰でもできます。しかし、同じ楽譜に沿って同じ曲を弾いたとしても、プロの演奏と素人の演奏は明確に違います。

アートや音楽などの芸術と保育との違いの一つは、審査基準の有無です。芸術であれば、コンクールがあって、一定の審査基準が存在します。近年では芸術に限らず接客業でもさまざまなコンテストがあります。テレビ番組になっているものもあって、「保育でも同様のコンテストがあったら面白いだろうな」と思うことがありますが、保育の分野では今のところそういったコンテストは行われていません。

その理由としては、子育てに関して家庭間の価値観がそれぞれ異なるということことがあります。また、家庭間だけでなく地域間での違いもあります。保育の方針についても価値観はバラバラです。小学校にスムーズになじめるようにと椅子にお行儀よく座ってひらがなを上手に書けるようにすることに力を入れる園もあれば、自然と触れ合う体験に重点をおいて裸足で森の中を駆け回るような活動を積極的に取り入れている園もあるという具合です。そういうなかでの保育の定義の統一、審査基準の設定には無理があるのです。

ちなみに、保育の質とは何かとChatGPTで質問してみたところ「子どもたちが適切な環境で適切なケアや教育を受けることができるかどうかの基準を表す」という答えが返ってきました。そのうえで、「保育の質が高い状態にはどういう特徴があるか」については、「安全で健康的な環境があること」、「質の高いケアと教育が行われていること」、「スタッフの質が良いこと」、「保護者とのコミュニケーションが良好であること」が挙げられていました。

それでは、家庭で子育てをされている保護者と、保育園で保育にあたっている保育士の違いは何かというと、保育園のように０歳児を３人集めた環境におかれたときのことを想像してみると分かりやすいです。おそらく、家庭で自分の子どもを育てた経験のある人でも、その環境で保育をするのは難しいはずです。もちろん、おむつを替えるとか、ミルクをあげるとかいった保育の作業単体はできます。しかし、その仕事を5年とか10年とかいった長い期間できるかというと難しいことだと思います。

家庭の育児と保育園での保育との違いはそこにあると考えられます。育児には成長を見る楽しみがあるので頑張れるという面があります。家庭での育児は、どんなに大変なことがあっても、子どもの成長に元気づけられるようにして一歩一歩進んでいくことができます。これに対して保育園の0歳児クラスは、生後1カ月の子から2歳目前までの子を並行して保育し、その子どもたちが次のクラスに進級すれば、また新しく入ってきた子を見るという繰り返しになります。何年でも続けていくことができるという持続性が、ある意味では保育の専門性かもしれないと私は考えています。

保育の定義は人により異なり、統一されていません。また保育の質も単純に数値化できるものではありません。だからこそ、保育のプロフェッショナルであるためには子どもたちに最良の保育を提供できるよう、保育士は絶えず勉強し続けるというポジティブな姿勢であることが重要です。保育の勉強には終わりがありません。学ばない保育士は、保育士としての責任の一部を果たしていないともいえそうです。

今年の2月、名古屋市教育委員会主催の教育シンポジウム「これからの学びについて考える」にて、熊本大学の苫野一徳先生が、教育学の学生に伝えている教育学の大切なポイントを4点、説明されていました。

1．本質を理解すること　そもそも教育は何のためにあるのか、徹底的に深く理解し、いつでも立ち返れる場所を確認

2．過去を知ること「温故知新」　今の姿は歴史の中で突然現れたわけではない。先人の経緯を把握することが重要

3．今を知ること　自分の置かれている環境は井の中の蛙。国内外、他地域での教育現場を知ることが重要

4．深い知見をもつこと　研究論文を読み、客観的データに基づいた研究を把握すること。また自らも発表、情報発信すること

保育についてもまったく同じことがいえます。

「温故知新」の一つの方法としては、プロの保育士である以上、毎年実施されている保育士試験の内容は、常に正しく説明、解答できるだけの知見を維持し、さらに高めることが大切です。

おそらく今後も保育の質を計測する手法が現れることはないと思いますが、こうした持続的に学ぶ姿勢を保ち続けることで、疑念を抱かれることなく、日本の保育は質が高いことが世の中で共通認識されることと思います。

一斉保育から子どもたちの主体性を重視した保育への転換期

ＡＩ技術の進歩をはじめとして次々に新たな技術が開発されるなかで、日本の公教育も転換期にきています。２０２０年に改訂された学習指導要領では「アクティブ・ラーニング（自主的探求）」を重視する方向性が示されました。

あるとき、教育ＤＸのセミナーで「主体的で」「対話的な」「深い学び」が重視されているということを聞きました。その姿を具体的に想像するためにはすべて対義語で考えるとよい、とのことでした。つまり、「受け身的で」「一方的な」「浅い学び」ということです。「これは今までの授業のことです」という講師の話に、私は驚いたとともに、深く納得しました。

その方向性に沿ってこれからの保育を考えるとき、『夢みる小学校』という映画にも紹介されている「きのくに子どもの村学園」のあり方が参考になります。

この学校では宿題もなく、テストもなければ、「先生」もいません。子どもたちは「プロジェクト」と呼ばれる体験学習の授業を通して自分の頭で考える経験を積み重ねていきます。こういった子どもたちの主体性を重視した学校教育が各地で広まりつつあり、今、その保育園版が進められようとしている段階にあります。

とはいえ、子どもたちの主体性に任せた保育というのは、これまでのように一斉に同じことをする保育とは性質が異なります。私たちの園でもどのように取り組んでいこうかという検討を続けているところですが、保育士に求められる能力もこれまでとは変わってきます。

これまでの一斉保育において、保育士には大勢の子どもたちの注意を引きつけ、みんなを楽しませるという技術が求められてきました。例えば、みんなで貸切バスに乗って遠足に行くとき、子どもたちはいつもと違う状況にはしゃいで車内はざわざわと騒がしくなります。その状況で子どもたちの注目を一気に集め、みんなで歌を歌うようにリードするなどしていつの間にか自然に場の空気を楽しい気持ちのまま落ちつかせます。こういった保育士の手腕は実に見事です。

しかし今後、主体性を重んじる保育を行っていくときには、それぞれの興味や関心に応じた保育をしていくことが必要になります。保育士は保育に関する知見を高めるだけではなく、子どもたちが卒園したあとに迎える小学校での教育環境についても知識を高める必要があります。

保育事故は保育士だけの責任なのか

送迎バスに園児が置き去りにされて亡くなるという事件が、２０２１年に福岡県で起き、２０２２年には静岡県で起きました。これらの悲しい事件を受けて、政府は子どもの降車時の点呼を義務づけました。

アンケート結果によると、子どもをバスから降ろす際に常に確認しているのは、保育所88％、幼稚園90％、認定こども園89％となっており、保育園でも幼稚園でも認定こども園でも、ほぼ同じ割合の園が確認をしていることがうかがえます。

ただ、これは施設側の返答なので、「確認していない」とは答えにくいという心理的作用がはたらいている可能性はあります。また、管理者が「当施設は実施しているはず」という前提で回答していて、現場の実際の作業との差異がある可能性も否定できません。そう考えると、実際に常に確認している園の割合はもっと低いかもしれません。

つまり、確認作業のレベルが低いものであったとしても、今回のような悲しい事件は頻発することもなく園の運営は滞りなく回っていたということにもなります。その状況を踏まえたうえで、新たな作業が追加され、さらに義務化されるということが通常の保育にどのような影響を及ぼすかという視点についても、よく考える必要があります。

もちろん、子どもの命を守ることは大切なことです。ただ、ほとんどの園でこれまでに事件にならなかった事項に新たな作業が増えるということは、保育がさらに圧迫される可能性があるということでもあります。加えて、事故を防止する「仕組み」ではなく、保育士の「業務」で対策を取ることが妥当なのか、という点を考えなければなりません。「人間はミスをする生き物である」という前提を無視していないだろうか、ということです。

乳幼児はまだ自ら危機に対応する能力が十分に発達していません。そのため、保育士の小さなミスが乳幼児の命に関わる重大事故につながる可能性も高くなります。ただ、小さなミスはどこの園でも起き得るような些細な事項ばかりです。そういった小さなミスでも乳幼児の命に直結しかねないという緊張感が常にあるのが保育の現場です。保育士等の熱意や誠意、意識に依存した体制にあるなかで「事故が起きるなんて信じられない」という感覚は正すべきだと私は考えます。

逆に、日々保育の現場ではさまざまなことが起きながら、今回のような重大な事故に至るケースがこれほど少ないのは、いかに安全が守られているかということの裏付けでもあるかもしれないと感じます。

今回の事例は氷山の一角に過ぎず、本質的な解決のためには、事故の真なる原因を真摯に究明し、その対応策を講じ、業界全体で共有して対応策の実施を徹底する必要があります。

些細なミスが人命に関わるような業界の取り組みから学び、その手法を取り入れていくことが必要です。

保育園、幼稚園の送迎バスは全国で１万台ほどあります。年間２００日として、乗り降り１日２回と換算すると、年間で４００万回の降車確認が行われています。１年間で４００万回です。降車確認自体は単純な話ですが、ミスなく４００万回の繰り返しが行われるために、仕組みを設定することなく保育士の自覚に依存するのみという体制はいかがなものかと思います。

人間はミスをする生き物である、という前提のもとで対策を構築する必要があります。その意味で、近年の保育事故は、一概に保育士の責任だとはいい難いのかもしれません。保育士一人ひとりの努力に頼るのではなく、人間は失敗する生き物だという前提に立って、事故が起きない仕組みづくりに力を入れることが大切だと考えます。

不適切保育をどう考えるか

２０２２年、静岡県裾野市で保育士による園児への虐待がニュースになりました。その際にしきりに使われたのが「不適切保育」という言葉です。この言葉が使われるようになったのはごく最近のことで、２０２１年3月に厚生労働省が「不適切保育に関する対応についての調査研究」について、という調査結果を公表したことがその始まりです。

　厚生労働省による令和2年度子ども子育て支援推進調査研究事業の「不適切な保育の未然防止及び発生時の対応についての手引き」を見ると、不適切保育とは「保育所での保育士等による子どもへの関わりについて、保育所保育指針に示す子どもの人権・人格の尊重の観点に照らし、改善を要すると判断される行為」と定義されています。２０１９年度に「不適切な保育」と確認されたケースは全国で３４５件あったということです。不適切な保育の行為類型として挙げられているのは次の５つです。

・子ども一人ひとりの人格を尊重しない関わり
・物事を強要するような関わり。脅迫的な言葉がけ
・罰を与える。乱暴な関わり
・子ども一人ひとりの育ちや家庭環境への配慮に欠ける関わり
・差別的な関わり

　このほかに性的虐待や園児の置き去り、子どもの訴えに対応しないという事例も挙がっています。

保育士が自分の行為について不適切保育であるという認識がない場合もあれば、無理のある配置基準や過酷なシフトによって保育士の心身に過剰なストレスがかかって不適切保育につながる場合もあるとされます。

不適切保育の原因としてよく指摘されるのが職員配置の課題です。ただ、配置基準はどこでも同じです。同じ基準で運営されていても、不祥事が起きる園もあればそうでない園もあります。

問題が起きる保育園と起きない保育園の差は何かということに対して、明確な答えはありません。あえていうならば、施設ごとの「文化」ということになります。その園における「常識」の差異というのが分かりやすいかもしれません。

問題が起きない園を目指すポイントは変化への感度を上げるということがあります。そもそも保育業界全体が世の中の変化に対して非常に鈍感であるといわざるを得ません。社会福祉の三分野である「介護」「障害」「保育」のなかでも、保育業界が最も遅れていることを実感します。

保育業界は総じて変化への感度が低く、実際に、保育の現場には他業界に比べて外部や第三者の目が圧倒的に欠けていると感じます。子どもたちが保育室に入ってしまえば、そのなかで起こっていることに保護者や地域の目は届きません。

仮に不適切保育が行われていたとしても、子どもたちは自分の身に何が起きているのかを説明できないことがほとんどです。

不適切保育は許されることではありません。しかし、不適切保育を行った保育士を悪人扱いして排除すればそれで本質的な問題が解決するわけでもありません。園全体、法人全体で組織を見直し、必要な施策を講じることが必要なのです。

これまでにたびたびニュースになりながらも、本質的な解決がされることなくここまで放置されてきてしまったのは、世の中の関心が「保育」に向いていないという点も関係しています。子育て世帯でなければ保育はひとごとに過ぎません。子育て世帯でも０歳から６歳の子どもを育てている家庭にとっては自分ごとですが、わが子がその年齢を過ぎてしまえばあっという間にひとごとになってしまいます。

また、保育業界からの情報発信が足りないということもあります。保育のニュースが報じられることはあっても、現場からの声が広く発信されることはあまりありません。表沙汰になる不適切保育は氷山の一角ですが、その氷山はごく小さいものであると私は信じています。世の中のほとんどの保育園では適切な保育がされています。

近年の不適切保育に関する、ある報道では、保育士3人が、①寝かしつけた園児に「ご臨終です」と発言、②足をつかんで宙吊りにする、③頬をつねる、④倉庫に閉じ込める、⑤カッターナイフを見せて脅すという不適切保育があり、内部通報を受けながら園が市や県警に通報していなかったことを問題視していました。

この報道に触れて思うことは、何を基準に市や県警への通報が必要になるだろうかということです。寝かしつけた園児に保育士が不適切な発言をした際に、自分だったら県警へ通報できるだろうか、何がどこまで積み重なると通報するだろうか、という点です。行政担当者に基準設定の相談もしたのですが、基準を示すことはなかなか難しいという結論になりました。

最終的に、ルールを設定する云々よりも一人ひとりの審美眼が大切なのではないかという結論に至りました。

ＶＵＣＡの時代に、すべての事項をあらかじめルール設定することは困難であるといわれます。『世界のエリートはなぜ「美意識」を鍛えるのか？　経営における「アート」と「サイエンス」』（山口周著　光文社）がとても参考になります。美意識を鍛えるために、保育士一人ひとりがアートを学ばなければいけない時代ではないかと私は考えます。

男性保育士の存在が保育を豊かにする

一般的に保育士というと女性の姿を思い浮かべる人が多いかと思います。かつて、保育を担う職員は「保母」と呼ばれていました。それに応じて、男性保育士が「保父」と呼ばれることもありました。それが１９９９年４月からは「保育士」という名称に変更になっています。保育士というのは独占名称なので、保育士の資格をもっていない人が保育士と名乗ることはできません。

保育士のなかには男性もいます。厚生労働省「保育士登録者数等（男女別）」によれば、男性保育士の登録者数は２０２０年４月１日時点では、８万２３３０人です。保育士全体の人数に占める男性保育士の割合は約５％となり、女性保育士と比べてかなり少ないですが、男性で保育士資格を取得している人は年間で５０００人程度増えているのです。２００５年時点の１万５２２９人と比較すると、この15年の間に5倍以上に増えていることになります。ただ、これはあくまで資格を取得している男性の人数であり、実際に保育士として働いているのは、そのうちの２割程度です。

全国的に見るとまだまだ少ない男性保育士ですが、私の運営する保育園にも男性の保育士がいて園児から大いに慕われています。活発で体を動かすのが大好きなタイプの子どもたちにとって、男性保育士の存在は大きなものとなります。

一方で、世の中には男性の保育士に対して違和感をもっている保護者もいるようです。その背景には、男性保育士による性犯罪が報じられることが関係していると考えられます。なかには男性保育士におむつ替えをしてほしくないという保護者もいるという話を報道で耳にしたことがあります。わが子を守りたいと考える親心は分かりますが、男性保育士は保育を豊かにする可能性をもった存在です。これまでは保育士といえば女性というのが当たり前のようになっていましたが、子どもが日常を過ごす環境に女性しかいないという状態のほうが不自然です。たとえ少数であったとしても保育の現場に男性が入ることで、これからの保育のあり方に多様性が出てくることが期待されます。

第5章

制度に翻弄されずに、
現場から積極改善

業務効率化と保育の質の向上のための
6つの提言

保育が信頼を得るために

保育の現場で重大な事件が起きると、当事者が吊るし上げられて幕引きとなるのが常です。それではいつまで経っても同じようなミスが起こり、悲しい事件が繰り返されることになってしまいます。そうして事件が起きるたびに、世間の保育への信頼は失われていきます。

同じようなミスが繰り返されることを防ぐために、私が参考にしているのは『失敗の科学　失敗から学習する組織、学習できない組織』（マシュー・サイド著　有枝春訳　ディスカヴァー・トゥエンティワン）という本に書かれている考え方です。この本によると、航空業界では何か事故があった際にすべての原因を解明するため、事故を起こした機長は事故についての責任を問われません。責任を問われると人は自己弁護に走ったり、すべて自己責任として真の原因究明にたどり着けなかったりする場合があります。逆に責任を問われなければ、事故について詳細な事実を語ることができると同時に、安易にすべて自分の責任で閉じてしまうのではなく、どのようなミスが起きたのか、それが事故につながらないようにするためにはどのようにしたらよいのか。その対策立案のための究明に努める義務が伴います。

　これに対して、静岡県で起きた園児のバス置き去り事故では元園長に刑罰が下される判決が出ました。つまり、元園長の責任が問われ、責任を取る形になったわけです。

　事故が起きたとき、責任者が「すべて私の責任です」と責任をかぶることで、事故の原因を深く追及する作業を中断させてしまいました。起きたことに対して、すべてを自分が引き受ける態度は原因追及、対策立案をすべて放棄し、次に同様の事件が発生したときにもすべて園長の責任であることを宣言しているようなものです。園長はスーパーマンではありません。人間であり、ミスを起こすことはあるのです。どのようなミスが起き得るのか、そのようなミスが起きてしまったときにどのようにすれば最悪のケースを防ぐことができるのか、ミスが起きてしまった時の最善の方法は何か、それに向けて事前にできる対策は何か、これらの検討をいっさい、中断させてしまったのです。今回のミスは、ある意味レアケースのミスです。今回の機会を逃すことなく、確かな対策立案が重要だったはずです。今回の悲しい事件がいつかまた繰り返されるのではないか、大切な命の代償が無駄になってしまうのではないかと、私はとても危惧しています。

『失敗の科学』では「失敗を恐れたり、非難したりするのではなく、失敗から改善点を見つけることが重要」だと書かれています。

失敗から学ぶことのできる組織の例として、アメリカの航空業界が挙げられています。アメリカの航空業界では、事故が起きると第三者機関が介入して、事故の原因を徹底的に究明していきます。そして再発防止に努めるのです。この努力の成果として、航空機の利用者は増えているのに、航空事故は減り続けてきました。

これに対して、失敗から学ぶことができずに同じ失敗を繰り返してきたのがアメリカの医療業界なのだといいます。年に４万４０００～９万８０００人が、回避可能な医療過誤により死亡してきたにもかかわらず、記録を取ることをしないで原因が究明されないままでした。その結果、同じような失敗を繰り返すことになり、医療事故は年間１００万件以上にのぼっているとのことです。

これらの業界と比べて保育業界はどうかといえば、この本で失敗から学べない例として出されている医療業界よりもさらに遅れている印象です。

保育業界はいまだに事件や事故が起きた際に原因が究明されることなく犯人探

しに終始して、再び同じような事件が起きるという状況にあります。福岡県で園児がバスに置き去りにされて死亡するという痛ましい事故が起こった翌年に静岡県で同様の事件が起きているのがその最たる例です。こういった事件がセンセーショナルに報道され、社会から「またか」と思われるたびに、保育への信頼はどんどん地に落ちてしまいます。

ミスが生じたときには、誰がミスしたのかということではなく、ミスの原因となった方法やシステムに目を向けることが大事だと『失敗の科学』では説かれています。

日本全国の保育施設で行われている膨大な数の乗降確認作業について、人間の誠意、業務遂行能力だけに依存するのではなく、一度もミスが起きない仕組み上の支援が必要です。失敗しても正しく機能できる、失敗耐久力（Fault Tolerant）向上の視点が保育でも必要です。そもそも「人間はミスしない」という前提には無理があるのです。

飛行機や列車であれば、人間の些細なミスが一度に大量の命を奪うことへ直結します。そのため、航空業界であれば事故だけでなくヒヤリ・ハット事例が生じた場合にもパイロット等の責任は追及されず、事故の背景を徹底的に分析することへの寄与が求められます。そして分析は第三者機関が行い、そこで得られた分析を基に対策が立案されて全世界へ周知され、実施が徹底されます。

これに対して保育園バスの置き去り事故はどうかというと、大きく報道されて話題にはなったものの、保育園の運営への批判に終始し、その後の事故の分析は軽いように感じました。最終的には園長へ責任を押し付けて幕引きを図ったような印象を受けます。

飛行機や列車の事故は大人や役所の重要な役職等の方にも大きな影響があります。同事故に巻き込まれると死に至る可能性が非常に高くなるからです。しかしバスの置き去り事故は、大人の場合、自分で対処することができます。そのため、大人にとっては自分事ではなく、ひとごとになります。そのため、検証等も含め、社会的なコストをかける価値がないと判断されたのではないか、こうしたことも影響しているのではないかと、思わずにはいられません。

かけがえのない子どもの命が奪われたことが社会に与えたインパクトは大きいのですが、それに対して対策の周知や徹底が弱過ぎます。現場に必要以上の負荷をかけない再発防止に対する仕組みづくりを強化していく必要があります。

今後は園児が降車する際の確認が義務づけられることにはなりましたが、それはこれまでに事故なくきちんと運用してきた園の負担までも増やすことになります。適切な運用ができていた園の保育業務を圧迫するばかりで、これでは根本的な解決にはなりません。

これ以上、悲しい事故が起きないことを願ってやみません。

試される保育園の情報発信力

保護者が保育園の情報を調べるときには、インターネットで検索したり、知り合いの口コミから情報を得たりします。保護者からは、保育園を比較検討しようと思って各園のホームページを見たけれど、知りたい情報が少なくてあまり役に立たなかったという声も聞かれます。

また、園の教育方針については入園前に話を聞くだけでは理解するのが難しいだろうと思います。園に見学に来た保護者から幼稚園と保育園の違いを聞かれることがありますが、制度上のマニアックな差異を除くと、幼稚園と保育園は利用される方にとってはほぼ違いがありません。幼稚園と保育園の差異よりも、A園とＢ園の差異というような、それぞれの園の間の違いのほうがよほど大きいのが実情です。ただ、短い言葉で端的に表現される教育方針が実際にはどのように日常保育に展開されているのか、その保育をどのように解釈するのかというのは入園前の保護者の方にとって難しいところでもあります。

待機児童問題が解決して保育園が余る時代に突入していくにあたって、ほかの園との違いを明確にでき、実際の保育に落とし込んで説明できるかということが、今後人気を集める園とそうでない園の、一つの分岐点になるかもしれません。

少子化の進行は止められる⁉　奈義町の奇跡に学べ

厚生労働省の人口動態統計速報（２０２２年12月分）によると、２０２２年の出生数は79万９７２８人で、前年よりも４万３１６９人減少して過去最少となりました。

出生数の減少だけでなく、２０１６（平成28）年以降２０２１（令和３）年までは出生率も減少し続けています。６年連続減は、戦後４番目の長さであり、まださらに連続記録が伸びるのではないかと非常に危惧されます。

人口を維持するためには、合計特殊出生率が2・05程度以上であることが必要だとされています。合計特殊出生率とは15〜49歳までの女性の年齢別出生率を合計したもののことで、一人の女性がその年齢別出生率で一生の間に生むとしたときの子どもの数に相当します。2・05という数字は1組の夫婦から2人以上の子どもが生まれていることを示すので、これを下回ると人口は減少するというのは想像に難くありません。2021年にはこの数字が1・30になっており、日本の少子化は予測を超えるスピードで進んでいます。これに対して政府は「異次元の」対策をする方針を発表しました。

人口が一定レベルまで減少すること自体は必ずしもすべてが悪いことではありません。ただし、急激に労働者人口が減少することは、世代間扶養を前提とする公的年金制度はじめ、社会のさまざまな構造や制度が破綻し、社会の成立が困難になります。加えて、いったん人口が減少し始めた自治体では、人口減少速度が加速度的に増えていきます。ここが大きな問題です。すでに地方の過疎地域では自治体の機能が維持できなくなり、限界集落が問題視されています。生活に必須のインフラを維持することが難しくなれば、そこに住み続けることはできません。

余力のある人から離れていき、加速度的に人口減少が進行します。

子どもの数が減っていることで小学校の統廃合が進み、過疎地域では小学校までの通学が車で1時間かかるというところも出てきました。そうなると、子育て家庭は家族で引っ越していってしまいます。

人間が生活するための機能を維持するためには、一定レベルの人数が集まって住み、各種事業を効率化させる必要があります。このまま人口が減少していけば、人がまったくいなくなる過疎地域と、逆に人口が過度に集中する都市の二極化が進行する可能性があります。いずれにしても人が暮らしやすい環境とはいえません。

日本全体の少子化に歯止めがかからないなかで、驚異的な合計特殊出生率を記録している自治体もあります。それは岡山県奈義町で、合計特殊出生率は２０１９年の時点で２・95を記録しています。奈義町は鉄道も通っていない山あいにある、人口は約５７００人の小さな町です。町の産業は農畜産業が主で、すでに高齢化が進み、高齢化率は3割を超える、地方によくあるような特徴を備えた町です。

奈義町の主な子育て支援策

事業	内容
出産祝い金	第1子10万円、第2子15万円、第3子20万円、第4子30万円、第5子以降40万円を支給
不妊治療助成	県指定の医療機関で特定不妊治療を受けると、年20万円を限度に県の助成を引いた額の2分の1を通算5年間助成
妊婦・乳幼児健診	妊婦健康診査を14回まで公費負担
乳幼児、児童、生徒医療費助成	高校生までの子どもの医療費のうち、保険診療に関わる自己負担分を町が負担
やすらぎ福祉年金	中学3年生までの子どもを療育するひとり親に年5.4万円支給。第2子以降は1人増すごとに2.7万円加算
保育料多子軽減	保育料を第1子で国の基準の55%、第2子で半額、第3子以降無料
在宅育児支援手当	幼稚園入園前までの子どもを在宅で育児する保護者に1人あたり月1万円を交付
病児、病後児保育	小学校3年生までの病児、病後児を個人負担2,000円で保育
つどいの広場「ちゅくしんぼ」	利用無料で子育てアドバイザーが相談受付
子育てサポート「スマイル」	小学校3年生までの子どもをなぎチャイルドホームか子育て援助者の家庭で預かる。自己負担1時間300円
高等学校就学支援金	高校生の就学支援で通学費の一部を含め、年9万円を3年間支給

出典：奈義町「定住・子育て支援対策」

それにもかかわらず合計特殊出生率が高い水準にあるのは、自治体が出産前から高校卒業まで切れ目のない子育て支援策を行っていることが関係しています。

不妊治療への助成から出産祝い金、保育料助成やひとり親助成、高校への通学費助成、高校生までの医療費助成などの金銭的な助成のほか、チャイルドホームでの子育て相談などもあり、出産前から高校卒業まで切れ目なく支援されています。

それが、子どもの数が増えれば増えるほど手厚くなっていきます。出産祝い金を例に見てみると、第

1子では10万円ですが、第2子では15万円、第3子では20万円、第4子になると30万円、さらに第5子以降は40万円と金額が増えていきます。

こういった子育て支援の施策の充実とともに若者の定住にも力を入れ、若者向け住宅を新築したり、雇用促進住宅を買い上げたりして確保し、新婚家庭が町外に流出することを防ぎました。また、正規雇用者の割合が74％と高くなっており、経済的な理由で子どもをもつことを諦めていた世帯にとっては子どもをもちやすい環境になっています。さらに、奈義町はほかの自治体より三世代同居世帯が多く、子育てをするうえで頼れる先が多いということも関係している可能性があります。

このままでは町が消滅するという強い危機感から、２０１２年に本格的な支援強化に乗り出すにあたって、子育て支援の費用をまかなうために最盛期には１２０人以上いた町職員を88人に削減するなど、苦しい財政のなかから予算を捻出しました。高齢者からは子育てに予算を使い過ぎではないかという批判の声が出たこともありましたが、高齢者予算を削ったわけではないことを示して理解を得ながら施策を推し進めてきた成果が出たということになります。

この奈義町の事例は、高齢化の進んだ地方の町であっても、自治体の施策によって、また、子育て支援策を充実させることによって、少子化問題を解決に導くことができるということを示唆しています。

現在、男性の育休取得率も新聞等で話題になっています。男性の育休取得率が高い企業、社長も含めワークライフバランスの良い企業のなかでは、合計特殊出生率が２・５を超えているということが、ＮＰＯ法人ファザーリング・ジャパンのセミナーや株式会社ワーク・ライフバランス小室社長の講演で取り上げられていました。若者の所得を向上させ、子育て支援を充実させるべきです。働き方改革を進めワークライフバランスを向上させることで、少子化は必ず止まり出生率が反転して向上します。子どもたちの溢れる街がよみがえるのです。

私たち保育園は、企業内の給与を向上させる力はありませんが、地域の子育て支援については責任の範囲です。私たち保育園が在園児だけの視点ではなく、今までに蓄積したノウハウを活用して公益的な取り組み、地域の子育て支援にどれほど取り組むことができるか、その成否が未来の日本の成立に不可欠であり、私たち保育園の責任は非常に重いのではないかと考えています。

私たち保育園が在園児のみの視点に終始すると、地域の子どもの数はますます減少し、結果として私たち保育事業も経営が継続できなくなります。

地域を構成する一員として

保育が地域密着である以上、保育園は保育業界内のことばかりを見ているのではなく、視野を広げて地域を構成する一員として今後のことを考えていかなければなりません。保育はセーフティネットとして社会に門戸を開き、制度の狭間で困っている人に寄り添っていく必要があります。今、保育園でよく行われているのは、園庭開放や育児講座などです。

近年は核家族化や少子化によって子どもに触れることがないまま大人になる人も増えています。子育てに必要な知識を補うため、各自治体は妊婦とそのパートナーを対象に両親学級などの形で出産や産後直後の赤ちゃんの世話の必要な知識を伝えています。出産まではこのような両親学級の場や定期的な妊婦検診や健康診査などがあってサポートが受けられますが、出産後はワンオペでの育児で社会から隔絶されたような状態になり、子育てに深く悩みながら奮闘しているお母さんもいます。

両親学級などの形で産前産後の世話に必要な知識は、授乳、入浴方法などであり、イヤイヤ期、思春期の対応が難しい成長期における必要な知識は教わる機会がありません。

私は青少年養育支援センター陽氣会のＣＰＡ講師として、「イライラしない子育て講座」を開催し、乳児期、幼児期、青年期におけるコミュニケーションスキルをお伝えしています。そういった講座に出てこられる人は、なんらかの形で支援につながっていくことができるケースが多いのです。一方で完全に社会から孤立してしまい、自ら助けを求めることも思いつかないほどに追い詰められているケースは深刻です。

子どもの虐待の痛ましいニュースが報じられることがありますが、本来は虐待によって子どものかけがえのない命が死に至る以前に、福祉のセーフティネットが機能すべきです。昔であれば、近隣の住民が井戸端会議で子育ての相談に乗ったり、様子がおかしいとなればのぞきにいったりということが行われていました。

今は子育てが家庭内に閉じており、その傾向はコロナ禍によってますます強くなってしまいました。一時は子育て支援センターも感染予防のために閉鎖されるなど、雑談ができる場さえなくなってしまったほどでした。子育てが孤育てになっています。民法、教育基本法、次世代育成支援対策推進法などを取り上げるまでもなく、子育ての責任主体は保護者であるものの、家庭内に閉じてしまった子育てを、改めて社会に開いていく必要があります。

今、子どもが外で危ないことをしたり公共のルールに反するようなことをしたりしたとき、心から子どものためを思って叱ってくれる大人は少なくなりました。お母さんたちは公共の場に子どもを連れて行くときに迷惑だと思われないかを気にして必要以上に消耗しています。逆にシニア世代は声を掛けたら鬱陶しく思われるのではと躊躇して距離をおくというように、互いに遠慮し合って世代の間に壁ができています。

また、子どもがいない世帯では子どもにどうやって接したらよいか分からないという人も少なくありません。これからは、プレパパやプレママのみに向けて育児のための教室をするのではなく、広い世代に向けて子どもと触れ合う機会を提供していくことが必要なのかもしれません。子育てに縁のなかったシニア世代やＤＩＮＫＳの世帯などで理解が深まれば、子育てしやすい社会の実現にもつながっていきます。これからの保育園に求められるのは、子育て世帯と非子育て世帯、ひいては社会全体をつなぐハブの役割なのだと私は考えます。

保育の「共助」

働きながら子育てをしている保護者のなかには、時短勤務や急な子どもの発熱などで職場に迷惑をかけることを気にしたり、保育園に行くのを泣いて嫌がるわが子の姿を見たりして、「自分は子どもにこんなにつらい思いをさせてまで働かなければならないのだろうか」と自問自答する人も少なくありません。子どもとの時間が取れないことを歯がゆく思う人も多くいます。

子どもが親の愛情を感じるポイントとして、子育てに対してどれだけ時間をかけているかという時間の長さは大きな要素の一つではあります。とはいえ、仕事と育児の両立は大変ですし、場合によっては親の介護などまで重なり、子どもと関わる時間が思うように確保できないという嘆きの声はよく耳にします。

しかし、子どもは大人が思う以上に親のことをよく見ているものです。例えば、延長保育で保育園で過ごす時間が長くなっても、親が仕事で忙しいために仕方なくそうなっているのか、親の私用のために厄介払いをされるかのように保育園に預けられているのかの違いを、子どもは敏感に感じ取ります。親の関心が今どこにあるのかをよく見ているのです。

親が関わる時間が短かったとしても、自分の親が自分のことをちゃんと気にかけてくれているという実感がある子どもは精神状態が安定しています。逆に、どれだけの時間を一緒に過ごしていても、親が常にスマホを気にかけているなどして意識が子ども以外のところに向いているような環境にある子は不安定になりがちです。

子どもに対して愛情を注ぐというのは、親の心が子どものほうを向いているかということです。子どものなかに「自分は愛されている」という実感があれば、たとえ親子の触れ合う時間が短くなってしまっても大きな問題にはなりません。

子育ての責任主体は保護者です。保護者が孤立するような状況は避けなければなりませんが、その一方で保育が過剰になって保護者から子育ての機会を奪うことも適切ではありません。保護者は子育てを通じて、子どもによって、親にさせてもらえるのです。子どもが生まれたら自動的に親になるわけではありません。

とはいえ、子どもが生まれたから子育てのみに集中するということも非常に困難です。防災では「自助・公助・共助」という考え方があります。自助というのは自分自身で備えること、共助というのは近所の人やコミュニティで助け合うこと、公助というのが公的機関による助けのことです。保育の場面に当てはめると、自助というのが自分や家族内での育児です。現在も保護者の方は非常に一生懸命、子育てをされています。なかには、核家族として孤立してしまい、孤育てになってしまうケースも見られます。コロナ禍で外出が規制されている期間には、「配偶者以外、ほかの大人とは誰とも話ができていない」という声を聞きました。子育て支援拠点がリモートで開催された際に、涙ながらに訴えられた方もいらっしゃいました。自助では、保護者が子育ての主体です。主体というより、保護者のみの子育てになります。

公助は保育園の保育にあたります。保育園に子どもを預けることで、保護者の方は就労など、子育て以外の時間に集中することができます。保育園に子どもを預けている時間、保護者の方は子育てにいっさい、関わらないことになります。

重要なのは、共助です。共助とは地域や友人などのサポートによる子育てです。保護者単独で子育てを行うのではなく、また、保育士等の第三者に子育てをすべて任せるのではなく、地域住民や友人など、他者とともに子育てを行うことです。自助と公助の間で、保護者と子どもとの距離も、しっかりくっつくのではなく、まったく離れてしまうのでもない、緩くつながった状態といえます。

子育てをしていくうえでは、この三つの力がバランスよく機能することが大切です。現在、自助、公助は、非常によく機能していますが、共助に関して十分に機能しているだろうかと疑問を感じています。今後は、共助、地域による子育て支援が非常に重要になります。そして、共助が機能するために公助である保育園が機能するべきです。

公助である保育園への入園ができなかった場合のためにも、共助が十分に子育てを支援できる体制を整えておく必要があります。

現状、自助でできない部分は公助である保育園に保育を依存し過ぎている部分があるように見られます。選択肢が少なく、その選択肢への依存度が高い状態は多くの問題を引き起こします。選択肢が多く、各選択肢への依存度が低い状態を「自立している」といいます。自立とは、依存する選択肢が多い状態のことなのです。

というのも、もともと子育ては一人でできるようにはなっていません。孤立した家庭だけではできないのです。群れ、集団、社会で行うようにできています。自助だけで頑張り過ぎれば力尽きてしまいます。一方、公助である保育が手を出し過ぎてしまうと、親が保育園に依存し過ぎてしまって子育てを親から奪うことになってしまいます。地域が子育て力を取り戻すことで、保育のあり方だけでなく、地域社会のあり方も変わります。

そのためには、保育園が在園児の家庭に対する保育だけでなく、公益的取り組みとして、地域の子育て支援が重要である、ということは、ここまでも繰り返しお伝えしてきたとおりです。その地域子育て支援の目指す方向としては、各保育園が子育て支援の主体になることも重要ですが、将来的に保育園が直接子育て支援を行わなくても、地域社会、地域住民が子育て支援を行う仕組みづくり、子育て支援の教育指導、情報発信の拠点となることではないでしょうか。

地域での子育て支援が充実することで、岡山県奈義町の事例のように、地域での出生率を向上させることが期待できます。

私たち、保育業界に課せられる責任は、非常に重いものだと実感します。

地域一帯で保育を行うコミュニティ

保育園の多機能化が求められ、その方向性の一つにインクルーシブ保育があります。それをさらに進めた先に私が思い描いているのは、地域一帯で保育を行うコミュニティづくりです。

そのヒントの一つとなるのが、石川県金沢市で展開されている高齢者の地方移住コミュニティモデル「Share（シェア）金沢」です。Share金沢は金沢駅から６㎞ほど離れた小高い丘陵にある住宅地の外れに位置しています。もともとは国立病院機構金沢若松病院があったという約１万１０００坪の敷地内には、障がい児が生活する児童入所施設、サービス付き高齢者向け住宅、アトリエ付きの学生向け住宅などの住居施設があるほか、高齢者デイサービス・生活介護施設、訪問介護施設、児童発達支援センターなどの福祉関連施設、敷地外の人も利用可能な天然温泉、ギャラリー、レストラン、売店、ドッグランなどが分散して存在しています。高齢者が健康なうちから入居し、その後介護や医療が必要になっても快適に過ごすことができる高齢者向けコミュニティ施設のことをＣＣＲＣ

（Continuing Care Retirement Community）といいますが、そのモデルの一つです。

とはいえ、当初は高齢者移住のために構想された施設ではなく、障がいのある人がたくさんの人々と交流し、就労できることを目的に開発されたコミュニティでした。つまり、障がいのある人が中心となり、さまざまな人とつながっていくためにつくられたコミュニティだったのです。

それぞれの施設は別棟になっているので、施設間を移動するときには敷地内にある道を通っていくことになります。道幅が意図的に狭く設計されているので、すれ違う際に自然とあいさつが生まれる仕組みになっています。

コミュニティ内にある商業・サービス施設は障がいのある人たちの就労の場でもあり、元気な高齢者のボランティアの場でもあります。これらの施設は敷地外に住む一般の人々も気軽に利用できます。そのため、自然な形で障がいのある人たちとの交流の機会が創出されることになります。

学生向け住宅に住む大学生たちには、家賃が安価である代わりにシェア金沢内で月30時間のボランティア活動を行うことが条件になっています。施設内に住む高齢者の人たちも、元気なうちはシェア金沢内にあるさまざまな施設でボランティアとして活躍し、体力などが衰えてきたらデイサービスや訪問介護のサービスを受けます。

シェア金沢の各施設内やスペースは近隣の保育園児や小学生にも開放されていて、さまざまな属性のさまざまな年代の人たちがごちゃまぜになって交流できる場となっています。

このように、シェア金沢では子どもも大人も高齢者も障がいのある人も、それぞれが多様に暮らしながら交流できるための場をつくり出しているのです。交流しているだけでなく、交流を通して自然とお互いに支援し合う仕組みです。誰が支援者で誰が被支援者なのか、区別がつかなくなります。通常の介護施設等では、入居者が被支援者で介護士が支援者と固定されています。それが混在した状態なのです。例えば、児童が高齢者を支援し、高齢者が障害者を支援し、障害者が健常者を支援し、地域の全員で乳幼児を保育する……まさに理想郷です。

シェア金沢については『漂流児童』（石井光太著　潮出版社）のなかでも紹介されています。本書に記載がある「レールを外された子供」のいない世界の実現こそ、児童福祉分野に関わるものとしての理想です。

今の日本社会では、子育て世帯と非子育て世帯の間に分断があります。その象徴的な例が、保育園を新設する際の地元住民による反対運動です。子育てから物理的にも心理的にも距離がある人にとっては、子どもの遊ぶ声が「騒音」であり、保育園は「迷惑施設」なのです。

しかし、子どもたちが登降園の際に地域の人たちとあいさつを交わしたり、地元のお祭りで交流したりというような接点が生まれるようになると、心の距離もぐっと縮まって、状況は変わってきます。私の経営する園は戦後まもなく設立されて歴史があることもあり、地域の人から温かく見守られています。

今後は、そこからさらに一歩進んで地域の人たちと子育て世帯をつなぐ役割を担っていきたいと考えています。そして私が夢見ているのは地域の人も子育て中の親も、小さな子どもからお年寄りまで、ありとあらゆる地域の人たちがそれぞれお互いに助け合える地域コミュニティです。支援者と被支援者との境界が溶け合っていき、最終的には誰が誰を助けているのか分からないような多様性に富んだ社会です。そんな社会では、子どもたちは地域に開かれた保育園で多くの大人に見守られながらのびのびと育ち、大人は子どもたちから元気や希望を受け取る関係が築かれることになるはずです。やがては保育園と地域の境界も薄れていき、保育園が必要なくなり、地域に子どもたちの遊ぶ声がこだまする――。それが今の私が思い描く未来の地域の姿です。

消防署が充実し、火事が起きたらすぐに消火してくれる街よりも、火事の起きない街のほうが良い。

警察署が充実し、犯罪が起きたらすぐに逮捕してくれる街よりも、犯罪の起きない街のほうが良い。

病院が充実し、病気になったらすぐに治療してくれる街よりも、病気になることのない街のほうが良い。

保育園が充実し、保育に欠けたらすぐに入園できる街よりも、保育に欠けることのない街のほうが良い。

保育園がなくても誰も困らない。そのうえで、人口が多く、街に子どもたちの笑顔が溢れている。

それが私の夢です。

福祉がなくても誰も困らない街づくり。それが私の目標です。

おわりに

長く保育の現場に身をおいていると、うれしかったことも悲しかったことも数えきれないくらいの思い出があります。

まだ私が園長になる前のことです。ある日の夕方、1歳のＳくんはお母さんと一緒に元気に降園していきました。その翌朝、Ｓくんのお父さんから一本の電話が入りました。

「息子が亡くなりました」

普段の会話のなかで使われることがない単語が出てきて、私は何が起こったのかを瞬時に理解することはできませんでした。最初、「なくなった」という言葉が「亡くなった」という意味とは結びつかずに、何かを紛失したのかと思ってしまったほどでした。思いがけない内容に戸惑い、受話器の向こうでＳくんのお父さんが何を言おうとしているのかを正確に把握するには時間を要しました。

前日、確かにＳくんはお母さんに連れられて元気に保育園をあとにしていきました。その後、帰宅してきたお父さんを元気よく迎えたそうです。それが家族でご飯を食べているときに眠そうだったので部屋で寝かせていたのですが、両親は何か様子がおかしいことに気づきました。慌てて救急車を呼び、救急病院に運び込まれましたが容体が急変し、この世を去ったということでした。Sくんは両親にとって長く待ち望んでいた一人っ子で、その心痛を思うと、いたたまれないものがありました。

　病気による急変で、こんなにも早く亡くなってしまうということに、お子さんをお預かりする保育の責任を改めて重く受け止めました。

　お通夜のあと、お父さんが私に言ったのは「保育時間中に亡くならなくてよかった」ということでした。どういうことかと一瞬キョトンとした私に、Sくんのお父さんは言葉を続けました。

「園で亡くなっていたら私は園のことを疑ったと思いますが、家で元気な様子を見たあとに亡くなったので、園のことを大好きなままでいられます」

　葬儀には職員だけでなく、同じクラスの家庭も参列しました。お母さんは葬儀の間、ずっと取り乱して泣いていました。お棺に蓋をして火葬されるというとき、お父さんは保育園でいつもしているあいさつでＳくんを見送りました。

「せんせい、みなさん、さようなら」

今思い出しても胸がぎゅっとしめつけられるような、つらい出来事です。その後、Ｓくんの両親はどうしているだろうと気にかかっていました。

それから時が経ち、Ｓくんの弟が生まれたということを知りました。その子が３歳になったタイミングで入園希望を出していただいたときには、涙を堪《こら》えるのが大変でした。Ｓくんがかつて通っていた私たちの園に、大事なお子さんを再び預けに来てくれたのです。Ｓくんの弟がお母さんに手を引かれて元気よく登園してきたのを目にして、また涙が溢れそうになるのを堪えなければなりませんでした。

Ｓくんの弟はみんなに愛されて、本当にみんなに愛されて、晴れて卒園式を迎えました。もしＳくんが元気であれば成人に達する年齢になっていたはずです。私はお父さんにあいさつさせていただき、熱く、強く、感謝の気持ちを込めて握手を交わしました。

Ｓくんが亡くなったとき、その原因を園に求めたり園の責任にしたくなったりしても当然だったかと思います。また、その後に授かった新しい命を同じ園に預けるということに対しては、躊躇する気持ちが出てきてもおかしくありません。弟がＳくんと同じ園に通うことでＳくんとの思い出に触れてしまい、つらい思いをする可能性も考えられたはずです。それにもかかわらず、私たちの園を選んでくれた思いはありがたく、感謝の気持ちでいっぱいになりました。

私たちはこういった地域からの信頼やつながりのおかげで、多くのお子さんの保育をさせていただいているのだという思いを大切に抱いて、これからも保育事業を続けています。

この本が保育業界をよりよいものとし、保育園にのみ依存することなく子育てができる地域づくりの一助となることを願ってやみません。

【著者プロフィール】

近藤敏矢（こんどう・としや）

社会福祉法人みなみ福祉会 理事長

1969年生まれ。1994年、名古屋大学大学院情報工学専攻修士課程修了ののちNTTに入社し、研究者として従事。その後、実家である保育園の経営について閉園または他者に移譲といった将来想定の話を父から聞き、保育園を継ぐことを決意。1999年に社会福祉法人みなみ福祉会に入職し、2004年に笠寺幼児園園長に就任。2019年、同法人理事長就任。保育園から認定こども園へ移行して複数の施設を運営する方針に舵を切り、4年間で新たに5施設を展開。ペーパーレス化、経理システムの独自開発など業務のデジタル化に取り組む一方、経営コンサルタントを活用して法人の経営拡大に注力するなど積極的な改革を推し進めてきた。現在は、保育等の福祉がなくても誰も困らない地域づくりを目指して尽力している。2児の父。

本書についての
ご意見・ご感想はコチラ

ここが変だよ、保育園

2023年5月31日　第1刷発行

著　者　　　近藤敏矢
発行人　　　久保田貴幸

発行元　　　株式会社 幻冬舎メディアコンサルティング
〒151-0051　東京都渋谷区千駄ヶ谷4-9-7
電話　03-5411-6440（編集）

発売元　　　株式会社 幻冬舎
〒151-0051　東京都渋谷区千駄ヶ谷4-9-7
電話　03-5411-6222（営業）

印刷・製本　中央精版印刷株式会社
装　丁　　　秋庭祐貴

検印廃止

Printed in Japan
ISBN 978-4-344-94493-0 C0036
幻冬舎メディアコンサルティングＨＰ
https://www.gentosha-mc.com/